岳贤伦 ⊙编著

讨厌的7岁，
烦人的9岁

哈尔滨出版社
HARBIN PUBLISHING HOUSE

图书在版编目（CIP）数据

讨厌的7岁，烦人的9岁 / 岳贤伦编著. -- 哈尔滨：
哈尔滨出版社，2024.10. --（叛逆期心理学系列）.
ISBN 978-7-5484-8013-6

Ⅰ. G782

中国国家版本馆CIP数据核字第2024SS5685号

书　　名：**讨厌的7岁，烦人的9岁**
TAOYAN DE 7 SUI，FANREN DE 9 SUI

作　　者：岳贤伦　编著
责任编辑：李维娜
封面设计：张佩战

出版发行：哈尔滨出版社（Harbin Publishing House）
社　　址：哈尔滨市香坊区泰山路82-9号　　邮编：150090
经　　销：全国新华书店
印　　刷：三河市中晟雅豪印务有限公司
网　　址：www.hrbcbs.com
E-mail：hrbcbs@yeah.net
编辑版权热线：（0451）87900271　87900272
销售热线：（0451）87900202　87900203

开　　本：710mm×1000mm　　1/16　印张：12　字数：200千字
版　　次：2024年10月第1版
印　　次：2024年10月第1次印刷
书　　号：ISBN 978-7-5484-8013-6
定　　价：59.00元

凡购本社图书发现印装错误，请与本社印制部联系调换。
服务热线：（0451）87900279

"几岁的孩子最难养、最让人头疼？"

假如把这个问题抛到育儿群里，家长们肯定会各执己见。

有人会说两三岁的孩子最难养，网上就曾流传着"可怕的两岁，烦人的三岁，父母很崩溃"这一说法，因为此时孩子的心智还不成熟，他们的叛逆主要表现为"胡闹"——他们无视命令，喜欢搞破坏，并以此为乐。

有人还会说青春期的孩子最难养，因为这是孩子一生中叛逆的顶峰。这个年龄段的孩子即将长大成人，打不得、骂不得，他们开始拒绝和父母交流，喜欢封闭自己、沉浸在自己的圈子里，讨厌父母的说教，很容易和父母产生矛盾。

其实，还有一个年龄段的孩子非常难养，那就是俗话"七八九，嫌死狗"的7~9岁孩子。7~9岁这个年龄段被称为人生的第二叛逆期，这一时期的孩子是有独立思想的"小大人"，他们不再希望被父母当作小孩看待；他们的心智逐渐成熟，有能力"对抗"父母；他们既渴望逃离大人的掌控，又很依赖大人，内心往往很矛盾、很敏感。这个阶段的孩子身体、认知、情感和思维，都在发生变化。

身体上，7~9岁孩子看起来像个"小大人"，但整体来说，他们身体的发展主要表现为肌肉控制、协调能力的完善，而不是像青春期那样的变化。这一时期的孩子对身体形象比较敏感，外表上的自信可能会影响他们的自我评价及与同龄

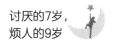

人的关系。

认知上，7~9岁孩子开始有了自己的想法，也开始关心同龄人对自己的看法，也会不自觉地拿自己和别人比较。他们渴望融入群体，害怕被遗忘。他们开始意识到，除了自己的想法，还有其他的想法、观点和价值观。

情感上，7~9岁孩子会表现出更复杂的情绪，他们渴望独立，情绪开始在自信和自我怀疑之间徘徊。他们对自己和他人的情感非常敏感，他们会对他人的情绪产生强烈的反应，但由于他们大脑调节情绪的区域发展滞后，因此他们的情绪起伏很大，而且还很有戏剧性。例如，昨天他还在说"你是我最好的朋友"，今天他可能就会说"我讨厌你，你不是我的朋友"。

思维上，7~9岁孩子开始有了自己的思维方式，他们开始认识世界、了解世界，开始表达对周围事物的看法。有时候他们对某些事情会讲出自己的一套"歪理邪说"，让父母哭笑不得。有时候他们还会与家长针锋相对，比如，家长说"玩手机对眼睛不好，要少玩手机"，他们会说："你们大人都在玩，为什么不让小孩玩？"这会让父母哑口无言。

7~9岁的孩子还特别贪玩，自我约束力、自我管理能力还不够……想要陪伴孩子平稳、健康、快乐地度过这一时期，考验的不仅是家长的智慧和教育艺术，还有家长的心态及与孩子的相处方式，否则孩子可能会在叛逆的路上越走越远。具体给家长以下几点参考建议：

1.尊重和包容

7~9岁的孩子有自己的想法和主观意识，作为家长，必须学会尊重和包容。也许孩子的想法还不成熟，行为也是错误的，但这并不能成为家长打击、阻止孩子追求独立和自由的理由。父母要懂得倾听孩子的想法，学会赏识，并用自己的生活经验引导孩子。

2.关爱和陪伴

7~9岁是孩子叛逆的年龄，叛逆是一种抗争，也是孤独的表现，叛逆的背后也许只是孩子想引起父母的注意。因此，家长要多给孩子关爱和陪伴，让他感受到父母的爱。在陪伴的过程中，亲子感情会变得更亲密，情绪和情感问题也会被幸福感所取代。

3.习惯的培养

7~9岁是培养孩子好习惯的关键期，让孩子养成良好的生活习惯和学习习惯非常重要，这既对孩子的健康成长有帮助，也对孩子的学习意义深远。因为保证睡眠充足，上课认真听讲，按时完成作业，自主阅读等习惯会直接影响孩子未来的学习成绩。

4.鼓励孩子探索

7~9岁的孩子爱幻想、爱探索，希望自己可以独当一面，对于自己不了解的东西既畏惧又好奇，总想知道为什么。这个时候家长最好鼓励孩子去探索未知，陪孩子探求答案，而不能刻意阻止孩子。当孩子犯错或遭遇失败时，家长应及时安抚孩子的情绪，鼓励孩子乐观面对，并引导孩子总结经验教训。

目 录

第 1 章　为什么说，"七八九，嫌死狗"

相对于两三岁时的叛逆，7~9岁孩子的独立意识更强，叛逆程度和破坏力比两三岁时有过之而无不及。他们时而听话懂事，让父母感到暖心，时而脾气暴躁、蛮不讲理，让家长又爱又恨，无从管教。真是应了那句俗话："七八九，嫌死狗。"

7~9岁，准大人期，叛逆再度升级

不知道家长们是否发现，小时候乖巧、听话的孩子，到了小学二三年级的时候，会出现不同程度的顶嘴、说谎、反抗等现象。不少家长对孩子的这种变化感到不解和苦恼：孩子怎么变成这样了？其实，这正是孩子进入7~9岁叛逆期的表现。

我们知道，绝大多数孩子的成长过程都要经历三个叛逆期，即两三岁时的宝宝叛逆期，7~9岁时的儿童叛逆期，12~18岁时的青春叛逆期。7~9岁的孩子不同于两三岁的小宝贝，也不同于12~18岁时的"小大人"，他们最多算是"准大人"。因此，7~9岁叛逆期也叫准大人期。

处于7~9岁叛逆期的孩子，自我意识越来越明确，独立意识也越来越强，不再愿意对家长言听计从。他们开始尝试脱离大人的掌控，想要表达自己的想法和主张，还会经常和家长对着干，以证明自己已经长大了。与此同时，由于他们的行为能力有限，又不得不依赖家长，且渴望得到家长的肯定。因此，这一阶段孩子的内心是既矛盾又敏感的。

于是，我们在生活中，可以看到7~9岁孩子往往会有以下行为表现：

不喜欢父母称呼自己为"宝宝"；

家长安排的任务，他们不好好完成；

在乎自己的权利，自己的事情要自己做主；

想独立完成一些事情，不希望家长参与其中；

有时候以沉默和对着干来表达对父母的不满；

时而自信满满，时而胆小懦弱，经常沉浸在自己的世界中；

不认同家长的想法，甚至觉得家长的想法很可笑，有时会强烈反对家长的意见；

……

秦女士的女儿今年8岁，马上就要升入三年级了，秦女士想让女儿度过一个充实的暑假，于是把女儿的学习和生活安排得井井有条。想法是美好的，但现实却把它撕得粉碎。

女儿早晨迟迟不起床，起来后吃个早餐又要耗上半小时；暑假作业分配到每一天，可女儿没有一天能按时完成；听到窗外有人玩耍嬉闹，女儿就坐不住了，频频向窗外探头；说好的完成当天作业才可以自由活动，她却屡次不遵守约定……暑假快结束了，眼看着作业堆积如山，女儿心里越来越焦虑。

这天秦女士给女儿安排好学习任务就去上班了，中午回到家，见女儿还窝在房间写作业，她顿时心里美滋滋的，心想前几天的沟通有效果了。吃饭的时候，她到房间叫女儿，却看到女儿戴着耳机在用平板电脑看动画片。再问女儿一上午写了多少作业，女儿却支支吾吾地说："只写了一点点。"

这句话彻底把秦女士激怒了，她不受控制地大吼道："你这一上午都干吗了？是不是一直看动画片呢？天天跟你说先完成作业再自由活动，都白说了是吗？"秦女士像一头发怒的狮子，女儿却像一只沉默的羔羊，虽然一言不发，但嘴巴高高噘起，眼神里充满了抗拒……这样的氛围让秦女士觉得很受打击，自己悉心教育女儿这么长时间，她怎么变成这样了？到底是哪儿出错了？

看得出来，秦女士的女儿正处于儿童叛逆期，对于妈妈的暑期安排，她虽然没有明确提出不同意见，但却用自己的方式默默地和妈妈对抗。遗憾的是，秦女士并不明白女儿的心理，而是采用高压控制的方式对待孩子。显然，这不是明智的做法。

那么，对于7~9岁的孩子，家长应该怎么帮他们顺利度过叛逆期呢？

1.尊重并肯定孩子独立的想法

很多父母能够接受7~9岁孩子的生理成长，却很难接受他们的心理成长，主要表现为对孩子所表达的独立想法和不同观点不屑一顾、嗤之以鼻，他们依然希望孩子对自己唯命是从，如果孩子不听话，他们会觉得对孩子失去了掌控，认为孩子变得不听话了。

殊不知，处于这个年龄段的孩子渴望独立，有自己的思想，希望被父母平等相待，不希望被父母束缚和管制。如果父母懂得尊重孩子的成长规律和独立意识，能够欣赏孩子的想法，鼓励孩子去做一些尝试，那么孩子会更愿意服从父母。比如，鼓励孩子参与家庭事务的讨论，询问孩子对于假期安排的看法，采纳孩子的建议布置家具等，这样可以让孩子感受到父母的尊重和信赖，孩子会更愿意配合父母。

2.用温和的语气与孩子沟通

在日常生活中，父母与孩子沟通时切忌带着情绪，而要考虑孩子的感受和想法，学会温和的沟通，用鼓励式语言代替否定、批评、指责和命令。这样可以有效地化解孩子的对抗情绪，也便于父母更好地思考孩子的想法。哪怕孩子顶嘴、反抗，父母也不能一票否决或高高在上地质问孩子。比如，孩子想买一个玩具，如果家里有类似的玩具，父母可以这样询问孩子："家里有类似的玩具了，能告诉妈妈还想买这个玩具的理由吗？"而不是咄咄逼人地训斥孩子："不行，家里这样的玩具还少吗？我看你也不怎么玩，根本没必要买。"

3.给孩子充分的思维和娱乐空间

孩子的成长既包括行为能力的发展，还包括思维能力的发展，这都需要一定的自由空间。可是有些父母给孩子的限制太多，甚至以学习为理由剥夺孩子自由放飞思想和释放身体能量的自由，使孩子的个性发展受到了限制。孩子感受不到童年的快乐，久而久之压抑在内心的负面情绪就可能爆发。

有位家长在一次心理咨询中说："老师，我最近特别焦虑，我家孩子动不动就唉声叹气，说什么活着真没劲，还不如死了算了。你说他才8岁，为什么就开口闭口说'死'啊？"咨询师通过询问得知，这位家长对孩子经常采用强迫式的教育，让孩子感到无比压抑。最后，咨询师建议家长还给孩子自由，让孩子尽情地释放想象力和童真。

鸡飞狗跳的年纪，让家长又爱又恨

7~9岁是孩子成长发育的一个重要过渡阶段，这时他们慢慢有了自己的独立想法，但是由于身体发育尚不成熟，无法通过自己的行动来实现自己的想法，以至于总会做出令家长感到既好笑又讨厌的事情。最常见的就是，平日里孩子在家里家外跑来跑去、跳上跳下、乱涂乱画、大喊大叫，还时不时创造出一些新奇的玩法，搞得家里鸡犬不宁。

"放马过来啊，我戴了钢盔，不怕你，冲啊……"7岁多的嘉铭手持扫把当作机关枪，嘴里叫嚣着发出"嘟嘟嘟"的声音，他假想对面有一支敌军，自己正在和对方激烈交火。

爸爸妈妈斜眼瞟去，惊讶地发现嘉铭居然把垃圾桶当作头盔戴在头上，也不嫌脏！

以前嘉铭也上演过类似的"激烈战斗"，但像这样"全副武装"还是第一次。妈妈想制止，爸爸却小声劝阻道："垃圾桶再脏也已经戴在头上了，而且他正玩得高兴呢，能听你的？还不如让他玩得尽兴呢。"

十多分钟后，"战斗"终于结束，但麻烦也来了——那只扣在嘉铭头上的垃圾桶怎么也取不下来了，他急得一身汗。妈妈只好过去帮忙取，但无济于事，嘉铭终于没忍住哭出声来。爸爸放下手中的书，半认真半开玩笑地问嘉铭："怎么样，这钢盔带劲吗？"

玩笑归玩笑，还得帮他取下来。爸爸用力将垃圾桶挤扁，顺势从嘉铭头上取了下来。摘掉头盔的嘉铭满脸通红，汗水混着泪水，一脸疑惑："怎么好戴，不好取呢？"

"是呀，怎么好戴，不好取呢？你观察一下垃圾桶，有没有发现问题？"

在妈妈的提醒下，嘉铭似乎发现了端倪："哦，好像垃圾桶口比下面略小一点儿。"

"是呀，这种形状的垃圾桶戴头上容易，取下来就困难了，幸亏垃圾桶是软性材质的，可以挤扁。"爸爸说。

俗话说："七八九，嫌死狗。"孩子到了七八九岁，思维变得异常活跃，经常爱问"为什么"，但又拒绝听从大人的教导；想要尝试新事物，又拒绝大人的安排；渴望被表扬，又不能接受不同意见。最要命的是，他们总有使不完的精力，做事只图一时痛快，而不考虑行为后果。这就是为什么"有7~9岁孩子（特别是男孩）的地方，就有鸡飞狗跳的家长"。

那么，为什么这个年龄段的孩子总是精力旺盛，一刻也安静不下来呢？

欧洲一些研究人员发现，青春期前的孩子天生就精力旺盛，他们抗疲劳的能力堪比铁人三项选手。研究人员还解释说，这是因为孩子们在运动时用的是有氧新陈代谢，因而不容易感到疲劳。另一方面，有氧代谢也能使他们更快从身体疲劳中恢复，这种恢复速度甚至比受过专业训练的成年运动员更快。

这一阶段的孩子，"充电五分钟，通话两小时"。所以，如果家长想让孩子安静下来，要么寄希望于他们进入睡眠状态，要么就让他们疯闹个够，直到玩累了为止。如果不这样，只是一味地阻止孩子疯闹，强行要求孩子静下来，结果往往是家长越阻止，孩子越渴望，而且对孩子的身心发展也没有好处。

欢欢跟父母去公园或广场散步的时候，总喜欢跑跑跳跳，一开始父母总是在他身后追赶，还嚷着："不要跑，不要跳，当心摔跤，当心车辆。"可是，每次喊完，就发现欢欢跑跳得更带劲，更加无法老实下来。

后来，父母调整了策略，不再去干涉，而是让欢欢尽情地去跑跳，他们只是在身后不远处跟着，随时注意周围的环境，确保孩子的人身安全。这样一来，往往不到20分钟，欢欢就会跑回父母身边，要求喝水或坐下来休息一会儿。

为什么越阻止孩子越渴望，而越鼓励、越放手，孩子越容易安静下来呢？其实，这是因为当孩子的大脑得到足够刺激，孩子的精力得到充分释放后，他自然就容易安静下来了。这提醒家长们，面对精力过剩的七八九岁孩子，最好的管就是"不管"，即不去强硬制止，而是在保障安全的基础上，去创造合适的环境，放手让孩子去释放体内旺盛的精力。

另外，对于有两个孩子的家庭，或两个以上的孩子在一起玩闹时，家长同样不应该阻止他们玩闹，哪怕他们把家里搞得乌烟瘴气，甚至发生了冲突，最好也不要直接干预。原因是大人直接干预虽然能迅速中止争吵，但未必能够真正有效地帮助孩子解决冲突，也不利于提高孩子的社会交往能力。再者，大人干预难免会被一方视为对另一方的偏心，也会导致更多的冲突发生。

高明的应对策略是，在平时或冲突之前，家长多跟孩子们玩耍，这样可以大大降低冲突发生的可能性。有研究者专门收集了相关信息，发现家长平时经常跟孩子一起玩的家庭，孩子间的关系质量更高。当然，在孩子间冲突发生后，家长要多提建议，引导孩子去协调矛盾。实在不行，可以让孩子们单独待一会儿，冷静之后再让他们继续一起玩。

脾气暴躁，动不动就"炸毛"

"作业写完了不让我检查，我催两遍他就发脾气，说我一点儿都不相信他。"

"上厕所的时候不尿在马桶里，故意尿到地上，我说他两句，他竟然把拖鞋扔到马桶里！"

"起床不叠被子，我提醒他，他还嫌烦，随便糊弄一下。我要求他重新叠，他嫌我啰唆，还和我吵架，真是气死我了。"

……

这是某小区几位妈妈在一起聊天时的内容，大家纷纷抱怨7~9岁的孩子多么难管，不听话、犟嘴、对着干、脾气暴躁，真让人头疼。有些妈妈甚至开玩笑道："果真是'七八九、嫌死狗'。"

面对孩子的叛逆和暴躁，为人父母者往往也跟着急躁起来，或厉声呵斥孩子，或苦口婆心劝导孩子，生怕孩子走错路。其实道理孩子都懂，发脾气之后他们也会自责，但由于这一年龄段的特殊心理，如自尊心强、好胜心强等，导致他们容易情绪冲动、脾气暴躁。

作为父母，在与这个年龄段的孩子相处时，一定要懂得避其锋芒，以柔克刚，切忌往孩子的"枪口"上撞，因为那无异于火上浇油。为此，要努力避开三大教育误区：

误区1：直接干预，与孩子硬碰硬

当孩子的行为让人不满意时，不少家长会习惯性地直接干预，粗暴地批评或者生硬地阻止孩子。比如，孩子起床后没有及时叠被子，家长就会直接指责孩子懒惰；孩子看电视忘了时间，耽误了写作业，家长就会直接关掉电视，然后对孩子大吼大叫。这种粗暴的做法很可能会让原本容易冲动的孩子"炸毛"。

误区2：指出孩子不足时，用词绝对化

家长在教育孩子之前，免不了先指出孩子的问题，可是很多家长在指出孩子的问题时，用词过于绝对化，喜欢夸大孩子的不足，本想着让孩子清醒地认识到问题所在，却不料捅了马蜂窝。

胡女士在小区楼下跟邻居聊天，说8岁的女儿越来越难管教，母女二人经常因为一句话而吵得不可开交。比如，女儿每天写作业总是磨磨蹭蹭到很晚，头天晚上也不例外。当时，胡女士拿起女儿的作业一看，发现有一道题做错了，而这道题女儿错了多次，胡女士就说："这道题怎么每次都做错？"

没想到这句话成了导火索，女儿不假思索地反驳道："哪有每次都做错？"接着母女二人便你一句，我一句吵了起来。最后胡女士气不过，扇了女儿一巴掌，女儿直接不做作业了，也不洗漱了，直接睡觉。

"你怎么总是不长记性？""你怎么只知道看电视？""你怎么天天不叠被子？""你怎么老是忘记带作业本？"这些话是不是听起来很耳熟？作为家长是否也对孩子说过这样的话呢？这些话用词过于绝对，是对孩子的强烈否定，会极大地刺伤孩子的自尊心，甚至点燃孩子心中的怒火。所以，千万不要再这样指出

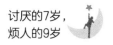

孩子的不足了。

误区3：一到沟通就向孩子提要求

在一期电视节目《少年说》中，男生小张在台上向父母道歉，表示自己离家出走的行为太自私。他还说："我不是小孩子了，我知道你们对我的期望，我也是可以变成熟的。"父亲先是表达了一下对儿子的爱，随后马上改为提要求："你现在有很多的不足，你打篮球的时间应该再控制一下。"

生活中，家长是否也经常在和孩子沟通的时候不知不觉地就向孩子提了要求呢？比如"下次考试要努力争取进步。""不要再任性了，你现在长大了，应该懂事点儿。""你的房间应该要变得干净一点儿。"这都是在向孩子提要求。其实完全不用这样急着提要求，你只需倾听、描述孩子的感受及想法，然后赞赏他为改变自身不足所做的努力，孩子就知道什么该做，什么不该做了。"这次没考好，你肯定很难过！""我知道这件事让你很生气，你才会摔东西的。""你也想收拾房间，只是早上时间匆忙，让你感到措手不及。"

在避开以上三个误区的同时，家长还需做到以下两点：

1.尊重孩子内心的感受

不管对孩子期望多高，请先把他当作一个独立的个体来看待，尊重他的感受，尊重他的喜好，尊重他的努力，肯定他为成长所付出的一切，不管他努力的结果怎样，不管他学习成绩如何，他都希望家长认可他、接纳他。

前面《少年说》中的小张站在台上，鼓起勇气向父母道歉时，父母却当场提要求"打篮球的时间还要再控制一下"，这么做就非常挫伤孩子的自尊心。如果父母说"离家出走那天，你肯定很生气，今天你成长了，爸爸很高兴、很欣慰"，那么相信孩子内心的感受会好得多。

2.让孩子自由表达情绪

7~9岁孩子的情绪变化之快如同夏日多变的天气，一言不合就风云突变，一句话没说好，就泪如雨下。可是偏偏很多父母见不得孩子哭闹发脾气，一旦孩子出现不良情绪，就会粗暴制止、大声呵斥、厉声恐吓孩子："别哭了，多大点儿事，至于哭吗？""哭什么哭，烦死人了！""你再大吼大叫试试，看我不打死你！"这样强行压制孩子的情绪，会让孩子非常压抑，而负面情绪积压得越多，就越容易出现不可控制的大爆发。

明智的做法是允许孩子自由表达情绪，直到孩子冷静下来再与孩子进行沟通，问孩子为什么发脾气，倾听孩子的想法，找出问题的本质，然后耐心教孩子怎么面对类似的问题并安抚孩子的心灵，这比以暴制暴效果好得多。

破坏力再上新台阶，父母管起来力不从心

　　7~9岁叛逆期的孩子，无论是身体机能、行为能力还是思维能力都处在高峰期，他们的破坏力相对于两三岁的孩子，那简直是王者一般的存在。两三岁孩子搞破坏无外乎就是把玩具摔坏，把家里弄得乱七八糟，在墙壁上乱涂乱画，出门随手采摘花草等，但7~9岁的孩子搞破坏可是不断推陈出新、出人意料的，父母管起来往往力不从心。

　　我们时常可以看到类似的新闻：7岁孩子用妈妈的手机给游戏网站充值8888元，8岁孩子徒手掰掉14台大奔车标；9岁孩子扔石头砸坏邻居家的窗户玻璃……类似这样的例子不胜枚举，特别是多个淘气的孩子聚在一起时，更容易爆发出骇人听闻的破坏力。

　　2015年11月20日，深圳市龙岗某小区4个不到10岁的孩子，共同"作案"划伤小区45辆车。

　　2017年4月，宁波3名平均年龄只有10岁的学生，两周内连续破坏停放在路边的公共自行车共42辆，造成经济损失达15万元。

　　2017年5月，江西萍乡一瓜农用来存放西瓜的篷房惨遭4个孩子的破坏，9000

多斤西瓜被踩得一塌糊涂，损失超过2万元。

类似淘气孩子搞破坏的事情比比皆是。不可否认，孩子调皮搞破坏的动机并不都是恶意的，很多时候他们只是出于好奇、探索心理或想要吸引大家关注，但其行为很容易给家人或他人造成伤害或损失。那么，面对孩子调皮搞破坏，家长是跟在后头向别人赔笑脸道歉并承担赔偿责任，还是有预见性地教育引导孩子，避免类似的事件发生呢？相信大家都会选择后者，只是不知道怎样做。下面我们针对这个话题，提供几条可行性建议：

1.了解孩子搞破坏时的心理

孩子是调皮捣蛋、爱搞破坏，还是乖巧懂事，想必家长心里都很清楚。如果孩子平时在家里出现破坏性行为，那么家长务必利用这个机会，了解孩子搞破坏时的心理，及时给孩子有针对性的教育，而不是一看到孩子搞破坏就斥责孩子。

通常来说，孩子搞破坏时的内心想法无外乎这样几种：一是出于好奇和探索心理，二是想吸引别人的关注，三是宣泄内心的不满情绪。如果孩子搞破坏是为了满足好奇和探索需求，那么家长应该肯定孩子，鼓励孩子用正确的方式来探索。

比如，孩子总喜欢玩水，喜欢把各种东西泡在水里。究其原因，发现孩子是想探索各种物品在水里的浮沉情况。这种情况下，家长应该表扬孩子爱思考、爱探索，但要引导孩子正确地探索，告诉孩子哪些东西不能放在水里。家长还可以陪孩子一起探索，带孩子去小溪、池塘边、河边探索水的浮力和不同物品的浮沉情况，并引导孩子去思考。

如果孩子搞破坏是为了吸引家长的关注，说明家长平时对孩子的关注不够，那么家长应该多陪陪孩子。如果孩子搞破坏是为了发泄不满情绪，说明孩子有困扰、有委屈、有需求需要得到满足，那么家长不妨静下心来倾听孩子诉说心中的

苦闷和委屈，引导孩子表达负面情绪，设法满足孩子的合理需求。

2.向孩子强调物权的重要性

当孩子搞破坏时，家长的应对方式非常重要，如果家长采取放任态度，甚至在孩子破坏他人物品，遭到他人不满言论时轻描淡写地说："这才多大的事，他只是个孩子，有必要跟他计较吗？"那无异于助长孩子搞破坏的嚣张气焰。

明智的家长肯定不会这样，他们在孩子搞破坏时会向孩子强调物品所有权，告诉孩子物品的主人是谁，处置物品要经过对方的同意，如果没有经过对方同意，你就无权处置它；如果你去破坏它，那么一旦损坏你就要承担相应的后果，赔偿主人损失。经常向孩子强调物权的重要性，让孩子认清别人的物品自己不能随便处置，更不能随意破坏，有利于培养孩子的规矩意识。

3.要求孩子承担一部分责任

当孩子搞破坏，损坏了家里的物品或他人的物品时，家长有必要给孩子灌输"为自己行为负责"的思想，以培养孩子的责任感，同时也是为了避免孩子再有此类行为发生。曾有这样一则新闻：

一名孩子在学校太调皮，破坏了学校公物，老师要求他赔偿损失。他回家找妈妈要钱，但是妈妈没有给他钱，而是告诉他："自己的事情自己想办法解决，自己闯的祸自己要承担责任。"

"怎么解决呢？"孩子问妈妈。

妈妈建议孩子去收集小区里或者街边垃圾桶里的塑料瓶，然后拿到废品收购站卖钱。

以前这个孩子非常调皮，甚至屡教不改，在家经常恶意搞破坏。但是，通过这件事，孩子体会到了赚钱的辛苦，从那以后就不再恶意搞破坏了。

有没有觉得这位妈妈很无情？其实这是爱孩子的一种智慧，孩子太淘气就得适当管教一下，不然下次他会做出更过分的事情，父母不可能永远跟在孩子后面收拾烂摊子，一辈子替孩子的行为负责。只有让孩子懂得为自己的行为负责，孩子才能真正长大。

特别会抬杠，无理也能辩三分

最近几个月来，上二年级的女儿莉莉让李女士很苦恼，到底是怎么回事呢？我们不妨来看看：

原来，一向懂事听话的莉莉最近很叛逆，还喜欢顶嘴。爸爸让她放学早点儿回家，她偏要在外面玩到天黑才回家。妈妈让她帮忙倒杯热水，她却撇着嘴说："你为什么不自己倒水？你不是经常教我'自己的事情自己做'吗？"

有一次莉莉看电视时间较长，妈妈劝她休息一下，放松一下眼睛。正在兴头上的丽丽不开心了，反驳道："你经常说脑子越用越灵，手脚越用越活，为啥眼睛动不动就要休息？"

还有一次，妈妈对莉莉说："宝贝儿，多吃鱼，能让你脑子越来越聪明。"

莉莉却说："如果吃鱼可以让人变聪明，那外面的补习班都要倒闭了，因为大家可以把省下来的钱用来买鱼吃，然后考试直接考100分。"这番话差点儿把妈妈气晕了。

很多家长都有这样的疑惑：为什么孩子在7~9岁这个阶段就像一头不听话的

倔驴，让他往东，他偏要往西；又像一串鞭炮，一点就炸，噼里啪啦，而且特别喜欢抬杠，无理也能辩三分。

其实，这个阶段的孩子之所以有这样的表现，往往是因为他们正处人生的第二叛逆期。作为家长，应该为孩子的这些表现感到欣慰，因为这说明孩子正在成长，能够独立思考，并且有自己的想法，这可比家长说什么就是什么的"乖孩子"强得多。

德国心理学家海查，曾把处于叛逆期的200名孩子分为两组，一组是没有强烈反抗行为的，一组是有强烈反抗行为的。通过追踪调查他发现一个规律：小时候爱跟父母抬杠、唱反调的孩子，成年后80%以上都很有主见，有独特的判断力。

可见，处于7~9岁叛逆期的孩子爱抬杠不是坏事，家长要学会接纳孩子抬杠的行为，并运用5A原则帮孩子顺利度过叛逆期，让孩子健康成长。那么，什么是5A原则呢？下面我们来深入了解一下：

1.Accept——心理上接纳孩子抬杠

抬杠是孩子表达情绪和想法的一种方式，可能是心里委屈了，或是对父母的某些行为感到讨厌。每个人都有表达情绪和想法的权利，孩子也不例外。明白了这一点，心理上就更容易接纳孩子抬杠的行为。

每到吃饭时间，阿南就要妈妈三番五次催促才肯坐到餐桌前。妈妈让他吃红烧肉，他却冷冷地说："红烧肉全是肥油，你想让我变成肥猪吗？"妈妈让他多吃蔬菜，他又说："这菜太素了，一点儿油水都没有，吃多了容易营养不良。"妈妈气呼呼地批评他"太难伺候了"，他却双手一摊，饭也不吃了。

对于这种喜欢抬杠的孩子，家长不妨尝试自然后果教育法，即不再催促孩子吃饭，且接纳孩子在吃饭问题上的各种抬杠，哪怕孩子不吃饭，那也顺其自然，反正饿肚子的不是家长。等孩子饿一顿，他就会明白吃饭不是给别人吃的，而是给自己吃的。

2. Analysis——分析孩子抬杠的原因

在接纳孩子的抬杠后，家长不妨冷静下来想一想：为什么孩子喜欢抬杠？分析一下会发现有以下几种原因：

首先，处于这个年龄段的孩子已经长大，他们不再像学龄前那样对父母唯命是从，他们有自己的思想认知，有自己的观点和看法，但受语言表达能力尚未发育完全的限制，他们所表达的不同观点往往不容易得到父母的理解，于是孩子容易着急、闹情绪，甚至通过大声反驳和顶嘴来表达自己的态度，这在父母看来就是发脾气、抬杠。

其次，处于这个年龄段的孩子往往有叛逆心理，大人越是不允许做的事情，孩子越是好奇，越是想去做；大人越是要求做的事情，孩子越是反感，越是不配合。

再者，有些孩子受到"单向思维"的影响，想问题容易一根筋，非得按自己的想法来做事，讨厌被父母命令。

最后，这一年龄段的孩子自我意识强，耐心差，脾气大，情绪变化快，有时候他们并不在乎事情的对错，而是单纯地为了抬杠而抬杠。当看到父母在他们抬杠的刺激下气急败坏时，他们内心甚至会有一种胜利的快感。

3. Amour——用温暖的爱回应孩子

7~9岁孩子跟父母抬杠是有原因的，但有时候又是毫无缘由的，他们抬杠仅仅是因为想过把嘴瘾，挑衅一下父母。如果家长一遇到孩子抬杠就责罚或说教，往往不会有太大的作用，反而会激起孩子更强烈的抬杠欲望。建议家长温柔以待，用爱的语言回应孩子，或欣赏孩子的机智反驳，或肯定孩子的观点，这样孩子就没办法继续抬杠了，因为没有谁会跟认同自己观点的人抬杠。

4. Accompany——陪孩子杠到底

面对孩子的歪理邪说，家长时常既感到恼怒又无从反驳，最后只好沉默以对或命令孩子服从自己。其实，这都不是最好的应对策略。实际上，抬杠恰恰说明孩子善于思考，如果家长抱着玩的心态陪孩子杠下去，对孩子来说好处多多。

妈妈见孩子把花盆里的吊兰、绿萝的叶子掐得满地都是，赶紧上前制止，儿子却说："我可不是在搞破坏，我是在修剪枝叶呢！"

妈妈说："我拿剪刀给你修剪一下头发怎么样？"

孩子辩驳道："叶子这么多，掐了还会再长——你剪我头发干吗？"

妈妈说："我把你的头发修剪一下，以后也会长出来啊！"

孩子无言以对，显然已经认识到了自己的错误。

5.Alone——让孩子独处

面对"小杠精"，如果家长采用欣赏、肯定、鼓励、拥抱、陪他杠到底等方法都没有取得理想的效果，那么家长不妨采取冷处理的方式，停止一切行为，不再理会孩子，以淡化孩子抬杠的行为。通过给孩子一个私人空间，让孩子独处，以达到缓和矛盾、让孩子冷静的目的。

孩子只争取权利，不想尽义务

不少家长表示，7~9岁的孩子不再像小时候那样容易接受管教，他们开始进入到"只争权利，不想尽义务"的阶段，典型的表现就是做任何事情都要讲条件，可是很多事情本来就是他们自己应该做的啊！举几个最常见的例子：

妈妈让孩子把自己的房间收拾一下，孩子却说："收拾完房间我要多看半小时电视。"

妈妈让孩子把玩具收拾好，孩子有些迟疑，说："收拾完玩具是不是可以少做10道练习题？"

孩子手机不离手，妈妈想让孩子放下手机，孩子却说："不让玩手机，我就不写作业。"

爸爸让孩子把垃圾扔掉并套上垃圾袋，孩子小脑瓜一转："给我5元钱，我扔垃圾的时候顺便买零食。"

到了应该写作业的时间，孩子却要求先看完动画片，可看着看着就收不住了。好不容易开始写作业了，可总是磨磨蹭蹭，妈妈提醒孩子专注点儿、认真点儿、快点儿完成作业，孩子却说："我写累了，难道就不能看会儿电视，休息一会儿吗？"

收拾自己的房间、收拾自己的玩具、写作业，这些都是孩子应该做的事情，把家里的垃圾扔掉并套上垃圾袋，也是孩子作为家庭成员应尽的义务，可孩子却明目张胆地跟父母讲条件。这种"只争取权利，不想尽义务"的行为背后，体现的正是这一年龄段孩子自我意识的快速觉醒。

当然，表面上看孩子只是在争取权利，实际上孩子是在跟父母争"谁说了算""该听谁的"这种决定权、自主权，以及自己的被尊重权。这很符合7~9岁孩子的心理发展特点，他们要求独立，想要获得自主和自由，希望父母把他们当作成人来平等对待。他们争取权利的行为就像是在告诉父母："我已经不是小孩子了，我和你们是平等的，你们不能随便使唤我做事。"

遗憾的是，很多父母对7~9岁孩子的心理变化并未做好应对准备，而是习惯于用命令、强迫、强硬的口气要求孩子做这做那，在孩子不服从或拖延执行时又忍不住批评、唠叨，这就更容易激化孩子和大人之间的矛盾。

此外，7~9岁孩子喜欢争取权利，不想尽义务还有另外两个原因：

原因1：孩子从小养成了懒散的生活习惯

由于父母教育理念不当，孩子从小养成了懒散的生活习惯，导致他们思维懈怠、手脚懒惰，或父母过度关注孩子的学习，忽略了培养孩子基本的自立能力，结果家长成了孩子的保姆，把孩子惯成了小皇帝或小公主，孩子从小习惯于衣来伸手、饭来张口。在这种家庭环境下，父母突然对孩子提要求，叫孩子做事，孩子不服从或讲条件也就不奇怪了。

原因2：孩子对好的行为习惯出现认知错误

7~9岁孩子对好的行为习惯出现认知错误，误以为父母管自己是妨碍自己的自由。以提醒孩子写作业为例，孩子其实明白写作业是自己的事情，但依然不妨碍他们反感父母在学习方面对自己的严格管教。当父母提醒他们"该写作业了"时，他们错误地认为这是在干涉他们对学习的安排，干涉他们的自由，于是表现得不服从或讲条件。

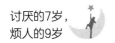

面对孩子只争取权利，不想尽义务的行为时，家长如果发火动怒，往往会让孩子更不配合、更加叛逆，最后只会闹得大家都不愉快。那么，明智的对策是什么呢？又该怎样避免孩子出现这样的行为呢？以下4点建议值得参考：

1.适当放手

面对7~9岁叛逆期的孩子，父母应适时改变心态，不要总想着控制孩子，而要设法赋权让孩子自我感觉良好。怎么做呢？很简单，用温和的建议和善意的提醒代替粗暴的命令和强迫，如果孩子不听从、不服从，那就不要追在后面催促、唠叨，更不要打着"为你好"的旗号苦口婆心地劝导孩子，无视孩子的意愿和选择。当赋予了孩子更多的权利时，他就不会再想着从家长那里争夺权利，家庭中的权利之争也就不存在了，孩子的叛逆行为也会减少，亲子关系就会更加和谐。

2.制定家规

如果孩子在生活中或学习上喜欢讲条件，家长最好别随口附和他。否则，很容易陷入一个怪圈——每当家长想管教孩子时，孩子就会变着花样对付家长。想要避免这种情况出现，就必须制定家规。所谓制定家规，就是对关系到家庭生活的各方面事情，以家庭会议的方式，制定统一的规则。请注意，这个家规不是专门给孩子制定的，而是针对全体家庭成员的。

蔡女士看到女儿琴琴在家务劳动和自己的事情上爱讲条件，便和丈夫商量召开家庭会议，会议宣布了几条家规：一是自己的事情自己做；二是今天的事情今天完成；三是家务劳动人人有责，并对家务劳动进行细化分解，明确谁负责哪块工作；四是制定奖惩办法，奖优罚劣，绝不迁就。随着标准的不断实施，琴琴从一开始的抗拒、违规变得乖乖遵守，爱讲条件的毛病也明显减少，直至消失。

在总结琴琴的变化时，蔡女士感慨道："原来女儿爱和我们讲条件，竟是因为家里没有家规，没有家规孩子就不知道按什么标准去规范自己的行为，我们也不知道按什么标准去检查和监督孩子。"

3.坚持原则

制定家规是基础，是构建良好亲子关系的根本所在。打好了这个基础，才有"坚持原则"这一步的必要性。很多家庭恰恰在这方面有所欠缺，因为不坚持原则，再加上片面地重视孩子的学习，结果往往会无原则地迁就孩子，这就更加助长了孩子和父母讲条件的风气。

怎样坚持原则呢？很简单，在孩子违反家规的时候，父母和孩子保持严肃的目光接触，并对孩子说："这是家规，必须遵守！"与此同时，家长也要发挥好榜样的作用，维护家规的威严。另外，每周或每半个月召开一次家庭会议，把全家人这段时间的不良表现记录下来进行通报，让孩子认识到遵守家规是一件严肃的事情。

4.提供选择

通过制定家规和遵守原则，基本上可以改变孩子懒散的生活状态，消除孩子爱讲条件的毛病。但如果想让孩子有更积极的生活和学习态度，自主地管理自己的学习和生活，家长还需多给孩子提供选择的机会，激发孩子做事的积极性。

怎么给孩子提供选择的机会呢？家长可以让孩子把每天要做的事情自主排序，如果排序不合理，家长可以引导并提供意见，以提高孩子做事的效率。当孩子学会合理排序与做计划后，他会发现可供自己支配的时间多了很多。这就从根源上避免了以前那种因为想获得自由，想按自己的想法做事，而不断与父母讲条件，幻想从父母那里获得时间和自由的尴尬现象。同时，还能极大地满足孩子的自主感，唤醒孩子内心的责任感。

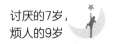
7~9岁孩子讨人嫌的背后心理：自我意识进一步发展

俗话说："七八九，嫌死狗。"意思就是七八九岁的孩子非常调皮，会经常做出一些惹人烦的事情，让人非常嫌弃，就连与人类亲近的狗，也不愿意亲近这个年龄段的孩子。可想而知，这个年龄段的孩子有多么不招人待见！

那么典型的七八九岁的孩子，究竟给人们留下怎样的"讨人嫌"的形象呢？我们不妨来了解一下他们的特点：

（1）精力旺盛，行动快速，走路快，说话快，吃饭快，做作业快，当然出错也多；

（2）注意力容易分散，前几秒还在做这件事，眨眼的工夫就切换到另一件事上；

（3）选择性耳聋，大人说什么都听不见，还喜欢不停地追问"为什么"；

（4）喜欢搞恶作剧，言行可笑，脾气暴躁；

（5）固执不听劝，目中无人，动不动就翻白眼儿；

（6）在意他人对自己的评价，喜欢听好话；

（7）自我吹嘘，爱给自己的错误找借口；

（8）喜欢追逐打闹，整天嘻哈不停；

（9）粗心大意，错误不断；

（10）迫切地想证明自己；

（11）不愿意做家务；

（12）爱讲条件。

以上就是七八九岁孩子常见的行为表现，不妨对照自己的孩子，看看他符合几条。相对来说，男孩"招人嫌"的程度远胜于女孩。正如一位班主任老师说的那样："'嫌死狗'的多数是七八岁的男孩子，他们只要动脚就是跑，能跑就不走。下课铃声一响，走廊上就响彻着刺耳的喧嚣和噔噔噔的跑动声。还有，他们的手从来都闲不住，只要周围有人，他们一定要动手动脚去撩拨一下。"

那么，到底是什么让七八九岁的孩子这么招人嫌呢？其实归根结底是因为这个年龄段孩子的自我意识空前增强，他们比以前更自信、更独立，就像刚学会飞的小鸟一样，内心有一种迫切想要单飞、想要证明自己的渴望和冲动。虽然这个年龄段的孩子各方面还不成熟，但是他们在进入小学后有了更广泛的交际圈子，他们觉得自己已经能够脱离父母的庇护，可以独立地面对一切了。

然而，在很多父母眼里，自己的孩子永远是孩子，他们时刻都想给孩子保护，于是他们继续用对待幼儿的方式对待这个年龄段的孩子，引来的却是孩子的嫌弃和逆反。要知道，这个年龄段的孩子非常讨厌父母把自己当小孩，为了表明自己"已经长大了"，为了证明自己有思想，他们会对父母的任何言论以及外界事物持批判的态度。这就是为什么这个年龄段的孩子遇到父母说向东时，他们偏要往西；父母越是阻止，他们越是要去尝试。他们这样做不过是为了确立"自我"与外界的平等地位。

有过打篮球经验的人都知道，想要顺利接住对方抛来的篮球，就要在接球的瞬间把双手往回缩一点儿，这样才能够牢牢地把球抓在手中。如果直愣愣地伸出双手去抓球，不仅很难抓住或抓稳，球还很容易反弹，同时也很容易砸伤手指。处在七八九岁叛逆期的孩子，正像一个向家长抛来的篮球，家长要想稳稳地抓住

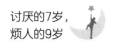

它，就需要以柔和的态度去接纳他。所以，教养七八九岁孩子的艺术在于刚中带柔、曲中带直、刚柔并济，具体可参考以下三点：

1.充分尊重

对于渴望证明自己已经长大，渴望表现自己的七八九岁孩子来说，被尊重是他们的基本心理需求。因此，对于孩子的奇怪想法和行为，父母不必去做理性的评判，只需要用一种欣赏的眼光去接纳就可以了，哪怕孩子的想法很愚蠢，哪怕孩子的行为很可笑，父母也要表现出热情、积极、耐心和无所谓的态度，并允许孩子在安全的前提下去尝试、去探索，以获得是非对错的认知经验，进而慢慢成长。

2.树立威信

充分尊重孩子的想法并不等于纵容孩子为所欲为，对于一些基本的生活习惯和原则性问题，父母有必要给出明确的是非标准和行为规则，然后通过身体力行带动孩子去遵守，并以此树立威信。比如，自己的事情自己做，饭前便后要洗手，吃饭时不能敲击碗筷，别人休息时不能大声喧哗，去别人家里串门时，未经允许不能乱动别人东西等，父母要先给孩子做出榜样，千万不能自己做一套，要求孩子做一套，等等。总之，要让孩子知道什么时间该干什么事，并知道什么事情是被允许的，什么事情绝对不能做。

3.温柔关爱

无论在哪个叛逆期，抑或是成长的任何一个阶段，孩子都渴望被父母温柔关爱，再顽劣的、再讨人嫌的孩子也不例外。如果说什么东西最能感化孩子，那无疑是来自父母的温柔关爱。因此，父母在日常生活中应该多陪伴孩子，多与孩子谈心，多和孩子进行互动游戏，多引导孩子一起做家务，在陪伴和游戏的时候交谈，在交谈中给孩子温柔的引导，在不知不觉中孩子就会顺从父母，潜移默化中孩子就会受到父母的积极影响，这不正是寓教于乐、寓教于生活吗？在这样的教养之下，哪还有"嫌死狗"的孩子？

第 2 章　心理比身体发展快——7~9 岁孩子的身心发展

7~9岁是孩子身体快速发展的时期，具体表现在身高、体重、大脑、神经、动作技能等方面会获得长足的进步，同时其心理比身体发展更快，他们开始在意自己的外表，开始关注同龄人，情绪也变得更敏感，他们会从谨小慎微、安静内敛的7岁走向外向开朗的8岁，再走向独立、执着、让人捉摸不透的9岁。

勤奋对自卑——通过竞争体现自己的能力

7~9岁的孩子正处于小学阶段，学校是训练他们适应社会、掌握今后生活必备知识和技能的地方。心理学家埃里克森的八阶段理论认为，这一阶段孩子心理成长的关键任务是通过竞争形成自己的价值和能力，同时也通过竞争去调整和优化自己的行为。这一时期的孩子对竞争特别感兴趣，很容易进入竞争状态，一个看似再正常不过的行为都会被他们视为竞争和挑战，会瞬间让他们进入应战状态。

一天傍晚，上二年级的小辉放学回家后愁眉苦脸，妈妈关切地问他怎么了，不问还好，一问不得了，儿子居然哭着说："凭什么每次都是刘轩考第一名，我明明比他更努力，比他做了更多的题……老师肯定偏袒刘轩，一定是老师帮他作弊了，我才是第一名……"

听完儿子的话，妈妈抱着他，态度温和但语气坚定地说："儿子，第二名已经很优秀了，你不用那么伤心。爸爸妈妈不要求你每次都要考第一名，只要你做到上课认真听讲，课后认真完成作业就可以了，爸爸妈妈相信你的成绩不会差。如果你真想考第一名，那就别气馁，再努把力，下次争取赢回来！"

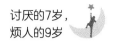

竞争是孩子的天性。科学研究表明，孩子从3岁开始就会产生竞争意识，会拿父母和他人作为自己的参照，通过与他人比较来彰显自我，以获得成就感。多数情况下，好胜心强的孩子都是想在同伴面前展示自己的力量、智慧和能耐，这是竞争心理的开始，随后孩子会逐渐在学习上表现得争强好胜，在各种活动中勇争第一，以彰显自己的能力和才华。

所以，当发现孩子争强好胜时，家长应该为孩子感到高兴，说明你的孩子不甘心做一名弱者，有很强的进取精神。在这种情况下，孩子会努力地学习，对各种知识保持旺盛的求知欲。虽说竞争对孩子成才意义很大，但竞争欲和好胜心并不是越强越好，过度的竞争欲和好胜心反而会影响孩子健康成长。

要知道，过强的好胜心会让孩子的情绪轻易被胜负欲左右，还会降低孩子对挫折的承受力。因为胜利了就兴奋不已，失败了就异常沮丧，无法接受现实，甚至觉得世界不公平，把失败怪罪于客观的事物上，或迁怒于胜者。更可怕的是，哪怕他们经历的失败在旁人看来微不足道，他们也会久久无法释怀，这会严重降低孩子的受挫能力。如此这般沉溺于对胜负欲的执念之中，自然会被胜负欲左右，而忘记自己的初心。

心理学上有一个"野马结局"，讲的是非洲大草原上的一种吸血蝙蝠，经常在野马的腿上吸血，导致许多野马死亡。事实上，野马并不是因失血过多而死，真正导致它们死去的原因是野马对蝙蝠吸血的情绪反应——暴怒与狂奔。眼里只有竞争心和胜负欲的孩子就如同野马，当遭到不好的胜负结局打击时，很容易变得像一只愤怒的野马，迷失在胜负欲的洪流之中。

所以，当发现孩子的竞争心、好胜心太强时，应该马上引起警觉，特别是当孩子因遭遇失败而沮丧时，要像前面案例中的妈妈那样安抚、引导孩子。

1.引导孩子正确对待成败得失

家长们，如果发现孩子太在乎输赢，且承受不住失败的打击，那应该赶紧引导孩子正确看待成败得失，这是预防孩子被胜负欲左右的重要手段。

首先，平时不要对孩子要求太多、要求太高，不要拿孩子和别人的孩子比较，而要鼓励孩子多拿今天的自己和昨天的自己比较，比如孩子上次语文考80分，这次考85分，这就是一件值得高兴的事。

其次，多陪孩子玩竞赛类游戏，比如和孩子下棋、打牌，且有意识地让孩子输，然后以轻松的口吻告诉孩子："输赢并不是最终目的，重要的是在游戏过程中提高自己的竞技能力，让自己比原来更进一步。"

家长还可以在游戏的过程中多鼓励、多肯定孩子："这一招棋真是高明，很明显你比以前进步了。"这样可以让孩子感受到进步的喜悦，同时也深刻认识到不断进步才是最重要的，从而看淡输赢成败的结局。

2.让孩子远离无意义的竞争

孩子有竞争心和胜负欲是一件好事，因为有意义的竞争可以激励孩子不断进取，但并不是所有的事情都需要孩子抱着"凡事都要争第一"的心态去面对，毕竟有些竞争是无意义的。因此，家长有必要帮孩子做个区分，在该争的事情上鼓励孩子竞争，在不该争的事情上引导孩子理性面对。比如，在学习上家长可以鼓励孩子竞争，告诉孩子"知识就是力量"；在吃饭、刷牙、写作业的速度上，则告诉孩子"拼速度没必要，而要追求质量"。

此外，家长还应引导孩子认清自己的优势与不足，让孩子别拿自己的不足和别人的优势去竞争。比如，你的孩子跑步不行，那就劝他别和擅长跑步的人比跑步。因为每个人都有自己的优势和短板，拿短板和别人的优势竞争是没意义的，只会徒增烦恼。反之，用自己的优势战胜别人的短板，也不是什么值得骄傲的事情。

3.教导孩子遵守公平竞争的原则

竞争心、好胜心太强的孩子，有时候为了赢得竞争，可能会采取一些偏激或不公正的手段。或在输了之后情绪失控，大哭大闹，甚至直接冲上去打对方。这样的不良举动一旦开始，有可能"千里之堤毁于蚁穴"。因此，家长一定要在发现不良苗头时教导孩子遵守公平竞争的原则，告诉孩子："有竞争就有输赢，你赢得起，那也得输得起，因为没有人能一直赢下去。靠背后耍手段赢得竞争是不光彩的，想让别人对你的赢心服口服，你就必须公平竞争，靠硬实力说话。"

4.利用竞争意识激励孩子勤奋做事

虽说7~9岁的孩子普遍都有较强的竞争心和好胜心，但不可否认，有些这个年龄的孩子竞争意识不强，甚至小小年纪就有一种无欲无求的中庸心态。对于这类孩子，家长不妨主动引导孩子参与竞争，激励孩子积极进取和勤奋做事。

比如，孩子总是把玩具乱扔一地不收拾，如果直接要求他收拾玩具，孩子可能无动于衷，即便收拾也是不情不愿、拖拉磨蹭。但是如果换个说法，比如跟他说："地上这么多玩具，乱糟糟的，咱们来比赛，你收拾那个区域，我收拾这个区域，看谁速度快，好不好？"这时孩子一般都会很有兴趣，因为这一阶段的孩子骨子里还是有竞争欲的，只要家长善于引导和激发，孩子还是很愿意参与竞争的。当孩子经常参与竞争时，他的动手、动脑能力就会得到锻炼，各方面的能力也会得到提升。

身体变化——更在意外表

生理上的成长让7~9岁的孩子看起来像个"大孩子"，但整体来说他们发生最大变化的并不是身体，而是心理，这一时期他们对身体形象更敏感，对外表更在意。他人对他们外表的评价会影响他们的心情和自信心，反过来会影响他们对自己外表的认知，甚至会影响他们与同龄人的相处模式。

在一个公交站台边，朱女士无意间听到两位小学女生的对话：

大一点儿的女生说："你今天的衣服一点儿也不好看，你看我今天穿的，可是我妈给我精心搭配的。"

小一点儿的女生说："哎，穿得好看有什么用，只要穿着不冷就行了。"

简单的一段对话让朱女士想起家里8岁多的女儿，她每天出门前都要臭美好一会儿，有时候还要让爸爸妈妈帮她搭配衣服和鞋子，直到满意她才肯出门。

对于身体外形和穿着打扮，有些孩子不太注重，有些孩子特别在乎，但进入7~9岁这个年龄段，孩子们普遍会比以前更在意外表。心理学研究表明，孩子能够思考自己今天的穿搭是否符合自己内心的标准，其实是一件好事。这表明他们开始重视自己的身体意象，这是一种自我意识的萌芽。

身体意象是孩子对自己身体的认知和评价，它涉及体型、外貌、体能和体格等多方面，是伴随着孩子成长而不断发展起来的。如果孩子对自己的身体意象评价是积极的，他们的行为表现也会积极、自信，而有些孩子没有正确认识外表的重要性，或对自己的身体意象评价为负面的，那么他们就容易产生厌恶自己、诋毁自己的心理。这类孩子的自信心相对也更低，因为他们连自己的外形都不认可。当然，他们不认可自己的外形，很可能是因为别人不认可他们的外形导致的。

所以，家长们要切记：不要觉得孩子的身体意象不重要，也不要认为孩子爱臭美是坏事，而要自己先正确认识身体意象的重要性，同时设法让孩子正确、客观、积极地评价自己的外形，既不能过分重视自己的外形、沉迷于穿着打扮，也不能否定自己的外形，这样孩子才能自信、健康地成长。

1.肯定孩子的爱美之心，引导孩子得体打扮自己

爱美之心，人皆有之。生活中，有些妈妈特别爱美，不但喜欢每天精心打扮自己，还特别重视打扮孩子，在穿着搭配上也十分讲究，生怕孩子在外在形象这一块输给别人。不可否认，适当打扮孩子有助于提高孩子的形象气质，继而增强孩子的自信，但过度强调穿着打扮、发型等，就有些本末倒置了。

为何这样说呢？因为如果孩子总是穿得很时尚、很靓丽，走到哪里都是人群的焦点，那么孩子势必容易被周围的关注和评价干扰，哪还有心思去专注地学习，去单纯地交友、玩耍？即便孩子不被干扰，他也会干扰其他同学，老师不找孩子谈话才怪呢！而且还可能激起孩子的攀比心理，甚至诱发早恋。

教育心理学专家、中国人民公安大学教授李玫瑾曾表示："求学阶段的孩子穿衣打扮干净利落是本分，打扮得过于精致就是本末倒置了，别把孩子打扮得太好看。"因此，父母重视孩子的外形打扮这份心情可以理解，也没有错，但要把握好分寸，打扮孩子的外形要以干净利落、舒适得体为主，切忌太过时尚或太过追求品牌、款式等。

与此同时，对于孩子的爱美之心家长要予以肯定，让孩子明白在意外形没有错，但没必要过于追求外形的前卫花哨，而要让孩子的穿着打扮符合学生身份，同时提醒孩子不要把过多的精力放在外形打扮上，更不要去和别人攀比穿着。

2.告诉孩子什么是美，引导孩子去发现生活之美

美好的外在形象对提升一个人的自信和气质确实很重要，但是除了外形之美，还有很多美值得我们去追求。因此，建议家长们平时多和孩子谈论"什么是美"这个话题，引导孩子认识到行为之美、思想之美、自信之美比单纯的外形之美、靠穿着打扮装饰自己的形象更重要，更有内涵，更加迷人，鼓励孩子多读书、多运动、多健身，这样孩子的魅力才会由内而外散发出来。

家长还可以多带孩子出去走一走，让孩子感受不同国家、不同地区的人文景观和自然风貌，体会不同地区、不同人的审美差异。

3.腹有诗书气自华，帮助孩子不断丰富内心世界

想要强化孩子的身体意象，让孩子更爱自己，除了引导孩子保持恰当的爱美之心和得体地打扮自己，还需从内心世界这个维度去努力丰富自己。每个孩子都是宝藏，需要家长用心去发掘他的闪光点。在日常生活中，家长要鼓励孩子多读书，不断丰富内在学识，鼓励孩子多探索不同的兴趣爱好，发展多方面的能力，从而绽放自己的智慧光芒。

认知变化——开始关注身边的同龄人

孩子在成长的过程中，大都会经历从"自我"到"他律"的转变过程，在"自我"阶段（一般指7岁以前），孩子的心中只有自己的想法和需要，丝毫不在乎外界的看法。但进入"他律"阶段以后（一般指7岁之后），孩子就开始关注他人的看法，尤其是在乎身边同龄人的评价。这一时期，由于孩子的认知能力尚未发展成熟，对是非对错缺乏全面的分析和判断能力，因此其行为很容易被他人的评价和看法左右。

小华上二年级，他本来是个非常热情礼貌、开朗大方的男孩，但是在最近一周里，每次遇到同一栋楼的叔叔阿姨，小华都面无表情，甚至都不正眼看人。这天邻居碰到小华的妈妈，聊过天后才明白，原来小华最近掉了一颗门牙，班里同学都笑话他像个老太太，这才导致他一直抿着嘴巴不爱笑，不愿意和周围人打招呼，因为他害怕露出缺失的门牙被人笑话。

像小华这么大的孩子，在接收到外界不太友好的评价时，产生羞耻、难过心理是再正常不过的。这与他们日渐增强的自尊心有关，也与他们认知的变化有关，因为这一阶段的孩子比以往更在意别人对自己的评价。

7 岁的梓涵是一名小学二年级女生，最近她特别在意别人对她的评价，听到好的评价就眉飞色舞，听到不好的评价就郁郁寡欢，甚至会默默流泪。有一次，梓涵因同学说她的裙子不好看，就再也不肯穿那条裙子去学校了。每当爸爸妈妈见梓涵因别人评价而难过时，总是不以为然地说："多大点儿事啊，至于那么难过吗？你不能为了别人的眼光而活啊！"可梓涵对于这样的话根本听不进去，反而显得更伤心。

面对孩子过于强烈的"他律"意识所带来的困扰，家长都想帮孩子化解，可如果方法不得当，往往会好心办坏事。就像梓涵父母那样安慰和教育孩子，不但得不到孩子的认同和理解，反而会让孩子更难过。

其实，对于孩子关注同龄人的评价和在意他们的看法这件事，家长不必急于说教，首先应该理解这一时期孩子的特殊心理和认知特点。特别是有些孩子自信心不足，自尊心又太强，他们在听到负面评价时不只是会伤心难过，还会产生强烈的自卫意识，不但听不进批评意见，甚至会对善意的告诫产生敌意。

那么，对于这一特殊时期的孩子，家长该怎样教育和引导呢？

1. 告诉孩子太在意别人看法的危害

7~9 岁的孩子过于在意他人的评价和看法，却不明白这一行为的危害，因此家长有必要告诉孩子这种行为的危害。当孩子认识到了这一行为的危害后，才会下决心调整心态、做出改变。

首先，过于在意他人的看法容易导致失败。比如，楚霸王项羽兵败后来到乌江边，部下提议项羽过江东，以便来日卷土重来。可项羽却因失败无颜见江东父老，宁可自刎也不过江。如果项羽放下他人的看法，回去卧薪尝胆、积蓄力量，历史也许会改写。就如杜牧在《题乌江亭》中写的一样："胜败兵家事不期，包羞忍耻是男儿；江东子弟多才俊，卷土重来未可知。"可见，成功离不开过硬的心理素质，尤其不能太在乎别人的看法。家长给孩子讲讲这样的故事，更容易说服孩子。

其次，太在意别人的看法会加深自卑心理。一个人太在意别人的看法，原本就是他不够自信、内心不够强大的表现。而因为别人的看法影响到自己，又会进一步加剧自卑心理。这是一个恶性循环，会让自己越来越没有自信和勇气去面对。

再者，太在意别人看法还容易导致形成讨好型人格。一个不自信的人，在他人的评价面前，很容易形成讨好型人格，因为他们渴望得到好评，自己会被他人的评价左右着朝别人评价的方向行动。

以上三点是太在意他人评价的后果，家长一定要早点儿告诉孩子。

2.鼓励孩子走自己的路，做真实的自己

在这个世界上，有人喜欢你，也有人不喜欢你。作为家长，相信都明白这个道理。因此，一定要告诉孩子："你无须讨好别人，走自己的路，让别人去说吧！别人对你的看法并没有你想象的那么重要，所以不必那么在意。"如果孩子明白了这个道理，他们对别人的看法就不会那么敏感了。与此同时，家长要想办法增强孩子的自信心，帮孩子建立起自我认同。只有当孩子拥有强大的自信心时，他才可以潇洒地走自己的路，坦然地做真实的自己。

（1）家长对孩子既不能评价过高，也不能评价过低，而要客观评价，引导孩子接纳自己的现状，既欣赏自己的优点，也要接受自己的不足，这叫有自知之明，这是孩子自信的基础。

（2）降低对孩子的要求，不要事事追求完美，要多欣赏孩子的优点，多肯定孩子的表现。

（3）利用学校开设的音、体、美、心理等各种特色课程和校外技能培训班，帮孩子多发展一些兴趣爱好和特长，让孩子真正有实力，他内心才有底气。

（4）引导孩子珍惜现有的东西，不必拿自己的劣势和别人的优势做比较，这叫悦纳自己。

3.提高孩子的认知水平，学会正确对待评价

无论是正面还是负面的评价和看法，总是带着个人的情感色彩，家长要教孩子分析这些评价哪些是客观公正、符合事实的，让孩子学会虚心接受。对于带有主观偏见、不符合事实甚至是恶意的抨击，家长要让孩子一笑置之，别往心里去。比如，别的同学因为忌妒你的孩子成绩好，就故意在别的方面打击你的孩子："你真是笨死了，连个球都接不住，没见过你这么笨的人。"对于这样的评价，就要教孩子置之不理。

情感变化——情绪反应更敏感

7~9岁孩子在接触同龄人和社会后，会发展出很多复杂的情感。他们既渴望被别人关注，又不想让人觉察到自己的隐私；他们对自己充满信心，但有时候又莫名其妙地怀疑自己。他们在意别人的看法，对自己和他人的情绪非常敏感，经常出现情绪化的问题。比如，前几分钟还和小伙伴如胶似漆，过几分钟就可能和对方闹掰了。

小学三年级男生文卓非常敏感，有时候别人一句玩笑话，或者一个假装轻蔑的眼神，他都会往心里去，并认为那是别人讨厌他的表现。

比如，他和几名同学玩游戏，游戏结束的时候，同学对别人说"明天再来玩啊"，而没有对他说时，他就会感觉到一种强烈的被抛弃感，并且在那几分钟里万般失落。特别是当文卓对一个人比较关注时，他的敏感度就会飙升，他非常渴望被他关注的人也能给他同等的关注，否则他就会觉得被忽视了。

敏感是一把双刃剑，它一方面能够带给孩子高度敏锐的感知力、洞察力，另一方面又让孩子因在情感方面过于敏感而疲惫不堪。通常来说，7~9岁孩子对情绪敏感会有以下几种表现，家长可以根据这些表现来判断孩子是否情绪敏感，并采取有针对性的应对策略。

表现1：沉默

美国儿童发展心理学家默娜·B·舒尔博士说，当七八岁孩子被别人戏弄或学习上遇到麻烦时，通常会闷闷不乐，而不太愿意说出来。这个时候家长要明白孩子的情绪出了问题，最好别强迫孩子说话，可以在睡前比较放松的时候和孩子谈心，询问孩子的经历和想法。

表现2：哭泣

有时候孩子情绪波动较大，会不受控制地在公开场合哭泣或默默流泪，那种神情看着好像受到了特别大的委屈一样。对于这种情况，建议家长要克制自己，切勿当场斥责孩子，纠正孩子的行为。相反，要怀着同理心去给他们拥抱和安慰，这样才能快速安抚他们的敏感情绪。

表现3：暴怒

即便微不足道的事情，也可能让7~9岁这个年龄段的孩子情绪失控，他们会像愤怒的狮子一样吼叫，还可能摔东西。这时家长一定要保持冷静，给孩子宣泄情绪的时间和空间，比如，家长可以把孩子带到一处无人的角落，在一旁陪着孩子，让孩子发泄情绪。等孩子情绪平复后，再找机会教他如何管理情绪。

表现4：争辩

7~9岁孩子情绪敏感还有一种表现，那就是喜欢与人争论是非对错，特别是当别人指责他的时候，他会特别在意，并且情绪激动，会极力辩驳。或者别人不让他做什么事情时，他会特别抗拒，而且还喜欢对着干。家长不要对孩子的这种行为太当真，可以对孩子说："你这么想，我感到很难过……""很遗憾你会这么想问题……"然后继续做自己的事情，以这种低调的方式回应孩子，有利于化解孩子敏感的情绪。

以上是7~9岁孩子情绪敏感的几种常见的表现，这些表现在这个年龄段的孩

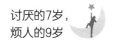

子身上是普遍存在的。因为这一时期孩子的情感处于快速发展时期，这会让他们的情绪更敏感。当敏感情绪出现时，他们用沉默、哭泣、暴怒或争辩等行为来表现自己，并在这个过程中不断地探索复杂的内心活动。

作为家长，要做的是教孩子如何让敏感为其所用，而不是受敏感情绪的支配。具体来说，家长可以这样做：

1.学会理解孩子的敏感情绪

对于这一特殊年龄段的孩子，家长要学会理解且要加强关注，当孩子出现各种各样敏感的行为时，家长不要上纲上线、太过较真，比如有些家长会斥责孩子不乖，笑话孩子想法太奇怪等，这都不利于缓和孩子的敏感情绪。其实，做家长的不妨想象一下自己童年的时候，是不是也有类似的表现呢？所以，包容、理解孩子的敏感心理和行为很重要，同时也要给孩子关爱和安慰。

2.试着替孩子描述他的情绪

敏感是一种奇怪的心理，有时候会让人捉摸不透，这就是为什么有时候孩子都不知道自己为什么敏感，为什么不开心，或者说知道自己为什么不开心，但是不知道用什么样的语言来表达。这个时候家长可以跟孩子谈心，替孩子描述他的情绪和内心想法，这样会让孩子觉得父母特别懂他，不仅有利于进一步拉近亲子感情，还非常有利于缓解、消除孩子的敏感情绪。

3.鼓励孩子用积极的心态看问题

内心敏感的孩子，往往会过于悲观地看待周围所发生的一切。别人的一言一语，都会被他们朝着不好的方向无限放大，这才导致他们越想越焦虑，越想越自卑。因此，如果孩子有敏感的表现，一定要鼓励他用积极的心态看问题，即凡事要多往好的方面想，找到其中积极的元素，比如可以这样告诉孩子："别人开你玩笑，往往是因为他知道你脾气好，不会生气。如果他知道你会生气，他干什么找不痛快呢？"给孩子正确的引导，教会孩子正确处理情绪问题，从而健全孩子的心智。

7岁的孩子——谨小慎微、安静内敛

有位妈妈说："女儿7岁多了，最近一两个月突然变得不怎么爱说话了，这完全不像以前那个外向开朗的她。前几天她告诉我，班里同学说她说话的声音难听，不知道是不是这个原因？换作是以前，她才不会这么敏感，根本不会在意别人的说法。"

孩子在成长的每个年龄段都有其特定的心理和行为特征，比如1岁半的孩子好奇心强、占有欲强；2岁多的孩子喜欢唱反调、自私而霸道；3岁多的孩子开始与人分享，但缺乏安全感；4岁多的孩子爱想象、爱吹牛；五六岁的孩子爱顶嘴、极度自我，那么7岁的孩子又有怎样的心理和行为特征呢？

7岁的孩子不像6岁的孩子那样喜欢和大人顶嘴，也不那么喜欢与人交往，而是更喜欢独处。尽管他们也有激情满满、活力四射的时刻，但他们主要的年龄特征是孤独与退缩。所以，7岁的孩子心理和行为特征总结起来就是八个字"谨小慎微，安静内敛"，具体来说有以下几个典型表现：

表现1：胡乱担心

当孩子进入7岁后，你会发现他和朋友相处时不那么在乎输赢，不那么赖皮，也不那么容易怒发冲冠。如果不小心起了冲突，他更愿意采取"惹不起我就躲"的策略退到一边去。因此，打架或惹是生非的情况少了很多，但并不是说他就成了"省油的灯"。因为他对任何事情都过度敏感，喜欢胡乱担心，担心上学迟到，担心作业不能及时完成，担心被爸爸妈妈或老师批评，担心被朋友嘲笑、孤立，担心大家不喜欢他，担心自己不够优秀，甚至担心家里的钱不够花……

7岁的孩子有时会觉得自己很委屈，感觉全世界都对他们不好。当然，他们在担心自己的同时，还会担心别人会伤害他们。因此，在7岁孩子的眼中，这个世界几乎没有绝对的好人。也许正是因为激动、亢奋的时候太少，7岁的孩子经常莫名其妙地说丧气话。例如，一个7岁的孩子有时会说："活着真没意思，我太倒霉了。"家长询问之后会发现，他觉得活着没意思，仅仅是因为和同桌闹了矛盾。

表现2：喜欢独处

7岁是一个退缩的年龄段，7岁的孩子不再初生牛犊不怕虎，而是处处谨小慎微。最让人着急的是，他们最想做的事情好像就是躲到世界的某个角落，与世隔绝，似乎这样才有安全感。与6岁时的好动、开放相比，7岁孩子的沉静自闭真让人担忧。不少家长反映："7岁的孩子，变得不爱和人交流，一天到晚都把自己关在家里，怀疑是不是得了自闭症。"其实未必，孩子只是喜欢独处而已。

表现3：懂事明理

很多家长发现，孩子7岁后突然变得懂事明理，也愿意设身处地地为别人着想。他曾经难以接受的事情，如今却懂得从理性的角度去思考、去接受。例如，孩子6岁的时候因看牙医会歇斯底里地哭泣、反抗，但7岁再看牙医时他能够相对冷静地面对。问他原因，他可能会说："因为如果不看牙医，我的牙就会一直疼。只有接受治疗，我的牙才会康复。"

表现4：反应慢几拍

7岁的孩子看起来很听话，但实际上他不把家长的话放在心里，相反他心里还有各种想法。他经常活在自己的世界里，哪怕他瞪大眼睛听家长说话，也不代表他认真在听，很可能他的脑子在想其他的事情，对家长的话充耳不闻。所以，这会让他显得记性不好。家长叫他把玩具收拾一下，他往往长时间没反应，也不行动。就算家长叮嘱他做某件事，他明明答应了，到头来也可能忘到九霄云外。

表现5：道德感开始萌芽

虽然孩子的道德观念建立要到8岁时才真正开始，但7岁的孩子道德感已经开始萌芽。他开始意识到不能拿别人的东西，不能说谎骗人，不能抵赖、推诿。他还愿意遵守规则，也很在意公平，他经常说的一句话往往是"这不公平"。

7岁的孩子已经表现出了一种全新的、正在成长的独立感，他们喜欢有自己的空间，好思索更深刻的问题。家长在与这个年龄段的孩子相处时，最好做到以下几点：

1.对孩子保持足够的耐心

7岁的孩子心思总在自己的小世界里，反应很慢，做事磨蹭，这会极大地考验家长的耐心。如果家长着急上火，对孩子发脾气，教训孩子，往往也是没什么效果的。因为7岁孩子的年龄特点就是这样，并不会因为家长发脾气他就会改变。所以，和7岁的孩子相处最重要的就是保持足够的耐心。如果想让孩子做一件事，要先确认孩子接收到了信息，比如说"去把垃圾倒掉"，家长说这句话的时候要看着孩子，说完让孩子重复一下，确保他听到了。然后，家长需要提醒他，再提醒他。记住，千万别发脾气，别威胁孩子，如果家长实在没有耐心，那就自己把垃圾倒掉。

2.一定要想得开、看得透

如果7岁的孩子放学回家告诉你，"老师总是批评我，上学真没劲！""同学们都瞧不起我，我好难过！"。家长大可不必忧心忡忡，或激动地控诉孩子的老师、同学，更没必要去找老师讨说法。因为这只是孩子当时的一种感觉，不一定是真实的，也许第二天他回家时又会说老师和同学的好话。因此，当听到孩子抱怨时，一定要想得开、看得透，哪怕孩子"抱怨家人亏待他"。

正确的做法是，只需充当录放机。"是吗？老师经常批评你呀？""哦，你觉得同学们讨厌你了？"也可以追问一下："怎么回事呢？老师为什么批评你呢？""同学怎么瞧不起你了？说来听听！"这种共情式的讨论对7岁的孩子是最有帮助的。但是要注意，切莫添油加醋，说过度的话，比如说"老师是故意的，肯定对你有偏见"。因为家长不能否定孩子的感知，而应该接受他的感知，然后引导他用积极的心态看问题。

3.让孩子接受真实的自己

如果说6岁的孩子是奔腾呼啸的河流，那么7岁的孩子就是暗流涌动的大海。在看似平静的外表下，他们经常会陷入与自己的争斗中，希望自己更完美。这会让孩子变得非常焦虑，徒增心理压力。因此，爸爸妈妈要告诉孩子："凡事都不可能完美，你应该接受最真实的自己，要保持放松。"比如，孩子总是担心上学迟到，家长可以帮孩子计算时间，让他确信只要在闹钟响起的时候起床，以正常速度穿衣、刷牙、吃早餐，就不会迟到。家长还可以在前一天晚上就把孩子的书包收拾好，把他的衣服放在床边，让孩子踏实地睡觉。

8岁的孩子——外向而开朗，道德意识建立

7岁的孩子谨小慎微、安静内敛，8岁的孩子会是怎样的呢？相比，会有多大的变化呢？我们不妨从一位妈妈的家教笔记中了解一个大概：

上个学期，儿子上一年级，他给我的印象是非常不自信的，经常自我否定，说自己字写不好，绘画也不好，弹琴也不行。为了激发他的自信心，我总是给他找优点，"你英语不错啊，字只要认真练，就能写得好！"但是他并不是很认同。每次老师在群里发考试成绩，只说几个考100分的，他总是说："肯定没有我。"

过完暑假，儿子长大一岁，忽然间我觉得他跟原来大不一样了，又变回到6岁前那个乐观开朗的男孩。有一次他跟我说起班里一个同学从倒数几名进步到第五名，还有同学从前几名退步到倒数几名，我就随口问他："你在班里能排第几呢？"他说："前两名，每次考第一的不是我，就是涵予。"看到他这么自信，我也很开心。

还有一件事让我印象深刻，也让我感到特别欣慰。记得那是一次吃自助餐，儿子在自助餐厅的表现很从容、淡定，颇有几分大人的味道，这让我这个当妈的

都有点自愧不如。因为我从小家境不好，很少去自助餐厅这样的地方用餐，偶尔去到那种场合，我总感觉浑身不自在，很放不开。但儿子完全没有这种感觉，他进了自助餐厅后，会从容地去拿自己想吃的食物，还会给我提供选餐建议，或问我想喝什么，主动帮我拿。跟他一起出门，他很会"照顾"我，很多事情都不用我操心。

8岁的孩子一般都进入了小学二年级，和初入一年级的孩子相比，这个年龄段的孩子会有非常显著的变化。这一点从上面的家教笔记中可以明显感觉到。那么，8岁孩子到底有什么样的心理特征和行为表现呢？接下来我们不妨来逐一细聊：

不再喜欢窝在家里。与7岁时的安静内敛、喜欢独处不同，8岁的孩子不再喜欢窝在家里，而是喜欢不断向外拓展活动空间。他们喜欢和父母一起去体育场看比赛、去参观博物馆、去动物园游玩或去其他有趣的地方。他们的眼界远远超出了家的周围，而是向更宽广的地方扩展，他们还喜欢研读甚至利用地图。他们的活动空间还会向更远的地方拓展，甚至开始对"过去"感兴趣，比如喜欢了解历史。

生龙活虎，自信大方。和7岁的孩子相比，8岁的孩子对周围的人或事物的回应要主动得多。他们总是生龙活虎，仿佛时刻准备着迎接生活中的一切，甚至去挑战那些新奇的、有难度的事情。由于他们太过胆大、爱冒险、爱探索，所以这个年龄段的孩子受伤的概率也比较大。因此，家长要多关注孩子的安全。另外，8岁的孩子性格开朗大方，完全不像一年前的羞怯、内敛，他们在人际交往中会自然得多，哪怕去陌生的场合，他们也可以自信地与陌生人打交道。

行动敏捷，但是苟刻。与7岁的孩子行动磨蹭、做事拖拉完全不同，8岁的孩子做什么都图快，说话快、写作业快，穿衣服也快，吃饭狼吞虎咽，甚至弹钢琴时也会手指飞扬。正因为做事一味图快，他们往往会马虎大意，做事粗糙。但是他们不太在意这些，因为他们还有一个"招牌特质"，那就是"审视"，审视自己，也审视别人。他们具备评估与判断能力，知道自己哪里错了，并且不愿意原谅自己的错误，这种审视近乎严苛。与7岁时以自我感受评价自己不同，8岁的孩子开始以他们认为的成人的要求来评判自己，他们会刻意要求自己满足成人的要求，甚至曲意讨好。

对外界的评价非常敏感。很多家长不知道，在8岁孩子外向开朗的形象之下还有一颗敏感的心，对于别人的批评、评价他们极其敏感。他们不仅跟自己过不去，也跟别人过不去，他们有些争强好胜，强词夺理。当他们做完一件事之后，哪怕心里很希望得到别人的夸奖，嘴上却可能问："这很难看，对吗？"其实内心期待着别人说"这很好看啊"之类的评价，如果你回答"确实很难看"，他们会感到失落。

关注自己的人际关系。8岁的孩子对人际关系十分感兴趣，不论是与父母的关系，还是与同学之间的友情，对他们来说都很重要。而且他们特别好奇身边成年人之间的关系，尤其是对爸爸妈妈之间的关系很敏感，如果爸爸妈妈吵架，他们会感到焦虑；如果爸爸妈妈很亲热，他们又会"吃醋"。他们开始关注大人的电话、闲聊，遇到成年人谈天说地时还会凑过去"打听"。

8岁的孩子很黏妈妈，走到哪跟到哪，甚至缠着要跟妈妈睡，好像回到了小时候。妈妈们不要觉得奇怪，这其实是正常现象，应该对孩子多点理解、接纳和关爱。8岁的孩子比较尊重爸爸，很喜欢和爸爸一起玩，而且很崇拜爸爸，会自觉地以爸爸为榜样。爸爸的一句肯定，很能鼓舞孩子的心。

时间观念增强。8岁的孩子有快速的行动能力，也能够很好地遵守时间，家长根本不用担心他上学迟到。哪怕他弄丢、弄坏或找不到自己的手表，也不会耽误他按时赶回家。这个阶段可以给孩子安排有序的流程，比如，周末出去玩大概要花多长时间，引导孩子做好时间规划，以培养孩子良好的作息习惯。

道德意识建立。8岁的孩子对善恶、是非已经有十分清晰的概念，他们具有评价事务的能力。换言之，他们的道德意识已经建立起来，还能思考比较抽象的观念。他们向往成为好孩子，会努力去达到自己的目标，努力做到让父母满意。

开始喜欢上学。和7岁的孩子相比，绝大多数8岁的孩子变得喜欢上学，哪怕他的成绩不怎么样，哪怕和老师相处得不太和谐，因为他们喜欢接受新事物和新知识，喜欢接受挑战。课堂上，他们的专注程度会大大提高。不过，由于这个年龄段的他们爱调侃，因此他们也会花不少时间和他邻桌"开小会"。放学回家，他们会事无巨细地跟家长描述学校里发生的事情。

对财物的兴趣增强。8岁的孩子开始对财物产生浓厚的兴趣，他们很关心自己有多少钱，喜欢存钱，还会设法赚钱，但不舍得花钱。可以利用好这个时期对孩子进行财商教育，可以给孩子固定的零花钱，让他学会存钱、有计划地用钱，创造机会让孩子通过个人劳动去赚钱。除了钱，他们对物也很感兴趣，他们会设法从同学那里交换自己喜欢的东西，比如用他的小玩具交换同学的小玩具，不过这种交换有时候会很"吃亏"，会让家长在一旁扼腕。

喜欢夸大事实。8岁的孩子喜欢吹牛皮，个性张扬，爱炫耀。比如，他会跟同学夸夸其谈地讲家里买了什么东西，会向同学炫耀家里的车子、房子、爸妈的工作和脚上穿的名牌鞋子。如果家长在一旁听到，千万不要觉得孩子虚荣心强，这只是他这个年龄段的一个成长特点，要去理解和接纳。

喜欢较真儿，喜欢钻牛角尖。8岁的孩子判断过于明确，喜欢争论是非对错，甚至是逞口舌之快。如果遇到孩子争论时，不要急着去指责，去批评。因为孩子内心有情绪或有压力，他需要宣泄，家长要做的就是让他去表达，并从侧面去肯定、欣赏他，不给他太多的压力。

智力发展的黄金时间。8岁孩子的智力发展和其他方面一样，正在快速向外拓展。思想意识也比较成熟，懂得基本的礼仪和规范。他们善于表达喜悦和好奇，开始着迷于植物的生根发芽，开始对动物的生命历程感兴趣，甚至开始明白所有的人都有生老病死。

9岁的孩子——独立、执着、捉摸不透

走过谨小慎微、安静内敛的7岁，度过外向而开朗的8岁，孩子就进入到独立、执着、令人捉摸不透的9岁，这是一个丰富多彩又特殊的年龄段，也是孩子进一步走向成熟的重要阶段。下面，就让我们来深入了解一下9岁的孩子吧！

1.渴望独立，敢于担当

与8岁孩子喜欢黏妈妈、喜欢"占有"妈妈相反，9岁孩子往往会尝试"推开"妈妈，希望摆脱妈妈的束缚。他们不但在家里追求独立，在学校也一样，因此他们会成为老师眼中的"刺头"。他们渴望独立自主，一旦决定做什么事，就会按照自己设定的方向、以自己的方式，在自己喜欢的时间里去做。这个时候他们会非常投入，而且很在乎自己的表现和最终的成败。

9岁的孩子强调公平，他们对别人的责怪多半有道理，而且他们也会公平地责怪自己——"这是我干的，是我的错"，只要他们认为自己有责任，他们是不会推卸的。所以作为家长，如果能给9岁孩子适当的独立空间和责任空间，他们也是值得信赖的，而且他们会用最好的表现回馈家长。如果他们不想做某件事或不愿意按照家长的思路和要求去做，那么他们就会表现得很倔强。因此，当发现9岁孩子跟家长过不去时，家长应该赶紧自问一下："我给他适当的独立空间和责任范围了吗？"

当然，9岁孩子追求独立并不意味着他们对家长没有任何依赖，让家长做好角色调整，并不等于说让家长对孩子彻底放手。既然是孩子，永远都需要家长的爱和关注，包括关注孩子在离开家长的渴望与依恋家长的关爱之间挣扎。

2.行为跳跃，做事执着

9岁孩子的行为似乎让人捉摸不定，甚至称得上变幻莫测，今天一个样儿，明天可能彻底反过来。前几分钟还郁郁寡欢，过几分钟可能嬉笑打闹，跟没事人一样。或者刚才还心潮汹涌澎湃，转眼就变得静如止水。但是他们决定的事情会执着地去做，不论是爬山，还是限时完成作业，他们都会去努力达成目标。他们还愿意接受新任务的挑战，并且不像8岁时仅凭一腔热情，而是懂得先思考、先做计划再行动。哪怕遇到有难度或要吃苦头的事情，只要他们认定了，就会勇敢地挑战，他们甚至有能力激发自己的潜力来完成一个有难度的任务。

更重要的是，他们的执着还表现得比较成熟，那就是他们不那么在乎正在做的事情被"打断"。比如，感到累的时候放下手里的事情，出门转一圈，回来再继续投入到刚才的事情中。他们有能力快速把思路拉回来，且内心有一股强烈的驱动力，促使自己把刚才的事情接着做完。因此，家长不妨多肯定8岁孩子的执着表现，多给他们鼓励。

3.心思细腻，观察细致

9岁孩子对自己和他人的情绪和感情的感知力比以往更细腻、更精准。如果家长想在孩子面前掩饰某种情绪，比如装作若无其事，或心里盘算着什么，奉劝家长别太自信，9岁孩子是能感知到的。他们不再和8岁时那样做事风风火火，他们似乎有更多的顾虑，速度也慢了下来，这会让他们看起来有些深沉。

除了心思细腻，9岁孩子的观察能力和动手能力也更细致入微，加上他们很想把自己在乎的事情做到最好。因此，这个时候或许是提高他们成绩的好时机，哪怕简单的习题，他们也会反复练习。

4.在乎朋友，很讲义气

如果说8岁孩子生活的中心是妈妈，那么9岁孩子生活的中心很可能是某个特别的朋友。8岁孩子为了强调某个论调的权威性，往往会把妈妈或者老师搬出来，"我妈妈说了……""我老师说了……"可是到了9岁，孩子会把心中那个特别的朋友搬出来，"××说……"很显然，在这个年龄段孩子的心中，朋友的话比父母的话更有分量，而且会越来越有分量。

9岁孩子在意朋友怎么说、怎么做、做什么，朋友看的电视剧他们也会去看，朋友几点钟上床睡觉，他们也要跟着学。他们对朋友很讲义气，当朋友遭到老师或父母的不公平对待时，他们会站出来替朋友打抱不平，也会在朋友遭遇困难时拔刀相助。因此，9岁孩子所属的小团体对他们影响很大。这要求父母对孩子的朋友圈持包容的心态，多引导孩子交友，切勿批评指责。

9岁孩子离不开朋友，而且乐于交朋友，哪怕把他扔到人生地不熟的异国他乡，他也有本事交到朋友。但这并不意味着每个孩子都会交朋友，因此父母有必要教这样的孩子一些交友的技巧。另外，如果孩子不想与某个人交朋友，父母千万不要强迫孩子与对方交往，因为这会伤害到孩子。

除了以上四点典型的行为及心理特征，9岁孩子还有以下问题需要关注：

学业问题。大部分9岁的孩子在上四年级，这个阶段他们的功课上了一个新台阶，需要死记硬背的知识少了，需要动脑筋的知识多了，而且需要运用抽象思维去学习。有些孩子不太适应这种学习模式，成绩就会突然下降很多。这对四年级孩子来说是个巨大的考验，很多家长不了解这一点，见孩子成绩下降就责怪孩子学习不努力。这实在是对孩子天大的误解。

另外，虽然不少9岁的孩子在学业上会面临严峻的挑战，但多数孩子还是喜欢上学的。而且尽管孩子每天晚上入睡前会整理好书包，但第二天到学校后，该带的东西仍然可能没有带齐全，因此父母还需不时地提醒孩子。到了放学回家时，孩子会比以前更爱聊学校的话题，尤其喜欢聊自己某些突出的表现和学校里发生的有意思的事情。

兄妹相处问题。总体上来说，9岁孩子与兄弟姐妹的相处会更和谐。他们会为自己的兄弟姐妹感到自豪，对自己的弟弟妹妹会更关照，兄弟姐妹遇到麻烦他们会责无旁贷。因此你可以放心地让他们照顾弟弟妹妹，他们会尽职尽责、很有爱心和耐心。

当然，9岁的孩子与年龄相近的兄弟姐妹相处时，争吵攀比等情况仍是家常便饭，不过程度上会比以前轻很多，因为9岁的孩子公平心相当强烈。需要提醒的是，如果家长处事不公，那可就戳到9岁孩子的痛处了。

性别意识。9岁孩子的性别意识逐渐清晰，也懂得欣赏自己，但是他们却很不欣赏异性。对于这个阶段的孩子来说，异性并不能吸引他们，甚至可以说他们排斥异性。

时间观念。9岁孩子的时间观念很强，他们会调闹钟、做计划，会把一整天的时间安排得满满，因为他们觉得这个世界上有很多有趣的事情等着他们去做。

空间概念。9岁孩子的空间概念也比较成熟，离家比较近的情况下，他们可以去自己常去的地方，比如美术馆、少年宫、球场等地方。因此，家长不用担心他们会迷路，可以放心地给孩子一把钥匙，让他们照顾自己一段时间，但最好不要超过1个小时，毕竟9岁孩子还没有成熟到照顾自己太久。

孩子和爸爸的关系。9岁是孩子长这么大和爸爸关系最和睦的阶段，爸爸在他们心目中形象高大，他们会为爸爸的职业感到骄傲，对于他人给爸爸的评价或欣赏也越来越在意，他们愿意和爸爸一起做事、一起玩耍。

作为父母，在教养9岁孩子的时候一定要懂得调整心态，调整对自己的定位，要以适应不同于以往的亲子相处模式来对待9岁孩子。之前父母对孩子的事情是大包大揽，但从现在开始，父母要学会站在一旁当教练，而不是插手孩子的事情。因为9岁孩子认为自己已经长大，不愿意父母仍然把他们当作小孩子看待，更讨厌父母以长者自居、倚老卖老。所以请记住一句忠告：孩子向往成熟，孩子需要成熟，孩子正在走向独立与成熟，请满足他们成长的内心需要，给他们尊重、理解和鼓励。

第 3 章　依赖与独立并行——7~9 岁孩子的生活习惯

　　7~9岁是孩子从主观上依赖父母到逐渐变得渴望独立，并尝试走向独立的年龄段，其生活习惯中处处会表现出独立的一面，但由于自身能力所限，他们时常需要父母的支持和帮助。因此，这一阶段孩子对父母是依赖与独立并行的。

晚上催睡觉，早晨喊起床

不少家长抱怨：孩子每天起床难，一叫二催三责骂，孩子才慢腾腾地穿衣去刷牙。有的更甚，无论家长怎么着急上火催促叫嚷，孩子依旧纹丝不动，无奈之下家长只好掀开孩子的被窝、粗暴地拍打孩子。那么，为什么孩子早上醒不来或醒来也迟迟不起床呢？原因大概有以下几种：

原因1：睡眠时间不足

任何一个人睡眠时间不足，早上都会出现醒不来、不愿起的赖床情况。而7~9岁的孩子比成年人更需要充足的睡眠时间，大概每天需要10个小时的睡眠。因为这个年龄段是孩子身体和大脑发育的重要阶段，充足的睡眠时间是孩子生理发育的基本保障。如果孩子睡眠不足，会直接影响第二天的精神状态，影响孩子的学习效果。

然而，不少学校的孩子，由于学习课程较多、压力较大，晚上学习时间较长，经常到很晚才上床睡觉，导致他们的睡眠时间不足9个小时。因此，家长不妨根据孩子第二天早上的起床时间往前推算，看看孩子前一天晚上几点上床睡觉最合适。

原因2：睡眠质量不好

有些孩子每天睡得挺早，可第二天早上还是醒不来、不愿意起床，究其原因可能是他们晚上睡眠质量不好，比如容易惊醒、睡眠浅、做噩梦等。对于这种情况，家长有必要和孩子谈心，了解孩子惊醒和做噩梦的原因，给孩子正面的暗示和积极的引导。

另外，家长还应该多陪伴孩子，给孩子充分的安全感，或在睡前营造温馨的、充满爱的睡觉氛围，比如给孩子讲故事，陪孩子谈心，给孩子拥抱和亲吻，或陪孩子入睡等。这样对提升孩子的睡眠质量都是有帮助的。

原因3：白天疯玩太累

7~9岁是孩子爱疯爱闹的年龄，有时候孩子白天疯玩一天，能量消耗太多，即使正常上床睡觉，也可能导致睡得太深、太沉、太久，第二天也不容易被叫醒。对于这种情况，家长有必要在白天孩子疯闹的时候，适当地干预和引导，让孩子在疯的过程中适当休息。

原因4：习惯了"赖床"

不可否认，有些7~9岁的孩子之所以早上迟迟不起床，与他们长久以来形成的赖床习惯有关。换句话说，孩子已经醒了，并不缺觉，可他就是赖在被窝里不起床。这类孩子往往在生活中比较懒散、拖拉。针对这种情况，家长要想办法改变孩子拖延、懒散的行为习惯。

在以上四种常见的原因中，我们需要着重谈谈原因1和原因4，即为什么孩子睡眠时间不足？为什么孩子睡得晚？其实，这与成年人的生活陋习有很大关系，不少年轻的家长习惯了熬夜，即便他们晚上没有什么要忙的，也要玩手机、追剧到很晚才睡觉，结果孩子跟着家长没有养成良好的作息习惯，也习惯了晚睡。

由于孩子晚上睡得晚，睡眠时间不够，于是第二天早上就会醒不来或醒了也不愿意起床，结果不知不觉就养成了赖床习惯。父母是孩子的第一任老师，孩子长期在父母的错误示范下很容易有样学样，养成懒床的习惯。因此，当家长发现孩子每天晚上需要催睡觉，第二天早上需要喊起床时，不妨问问自己："是不是我没有养成良好的作息习惯，从而影响了孩子？"然后设法调整自己的作息时间，养成健康的作息习惯，用实际行动影响孩子，帮孩子养成良好的作息习惯。

当然，孩子睡得晚、爱赖床，还可能与其本身缺乏时间观念，做事没有计划，行为拖延有很大的关系。这完全可以从孩子平时的行为表现上看得到，有些孩子写作业的时候不是喝水，就是要吃零食，或摸摸这个、玩玩那个，趁机再看一会儿电视，时间就这样耗过去了，直到很晚才完成作业，自然没办法按时上床睡觉。针对这种情况，家长有必要跟孩子好好谈谈，为孩子制定有关作息的家规，比如9点之前必须完成作业，9点30分必须洗漱完毕上床睡觉等，当然若无特殊情况全家人都要遵守作息时间规定。

最后要说说叫孩子起床的问题，俗话说："一年之计在于春，一日之计在于晨。"早晨孩子起床时的精神状态特别重要，父母叫孩子起床的语气和方式也很重要，为了让孩子起床时有一个好心情，家长应避免以下几种叫孩子起床的方式。

1.噪音式叫醒方式——大吼大叫

有些家长是大嗓门，大清早的孩子还在睡梦中，他们一开口就是大吼大叫，丝毫不顾及孩子的感受："太阳都晒屁股了，还不起床？"孩子被猛地一吼，从朦胧的睡意中惊醒，心里肯定不好受。

2.指责式叫醒方式——骂骂咧咧

"你看看邻居家阿华，早饭都吃完了，可你还在睡觉，你是猪吗？""上学就要迟到了，你还睡，不想上学了吗？快点给我起来"……看看这些充满指责和唠叨的话语，听起来就让人反感、烦躁甚至恐惧，很容易影响孩子的心情。

3.暴力式叫醒方式——拍打扯被

有些家长见前面两种方式叫不起孩子，于是采用暴力式叫醒方式，直接拍打孩子或掀掉被子。如果在夏天还好一点儿，可在寒冷的冬天，尤其是南方城市，孩子有可能被这突然的袭击弄得受凉感冒。

以上三种叫醒方式建议家长们不要再用了，在叫孩子起床时，建议靠近孩子，用舒缓、轻柔的语气慢慢地呼唤孩子，甚至来一点儿小诱惑："妈妈给你做了爱吃的蒸蛋，起来尝尝吧！""天边的朝霞可美了，快起来欣赏吧！""今天升温了，妈妈给你准备了漂亮的花裙子，穿着去上学肯定美美的！"这种充满爱的呼唤能让孩子感受到父母的关心和爱护，孩子的心情和精神状态会特别的好。

缺乏时间观念，早饭能吃半小时

作为7~9岁孩子的家长，大家可能都有过这样的经历：早上忙着喊孩子起床吃饭、上学，孩子却磨磨蹭蹭，不到最后一分钟不见行动；晚饭后忙着催促孩子做作业，可孩子不是玩手机就是看电视，要么摆弄玩具，一直拖延到快睡觉了才勉强把作业做完；节假日孩子奉行先疯玩再学习的策略，总是拖到最后一天、最后一刻才应付一下作业……

对于孩子缺乏时间观念、行动拖拉的毛病，很多家长都感到十分头疼，可是大部分家长除了大吼大叫、一催再催，似乎找不到更好的应对之策。然而，经常性地催促、唠叨很容易导致孩子变得麻木且心生叛逆。那么，到底该怎么纠正孩子拖拉的坏习惯呢？其实想要解决这个问题，还得从源头上下手，即追本溯源，对症下药。

通常来说，7~9岁孩子拖拉的原因有以下几个：

（1）缺乏时间观念

尽管多数孩子从8岁开始时间观念逐渐增强，到9岁时已经能够调闹钟、做计划，有条不紊地安排自己的学习和生活，但不可否认的是，多数8岁之前的孩子以及部分8~9岁的孩子，仍然比较缺乏时间观念。加上有些家长对孩子缺乏时间

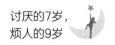
观念不以为然，认为小孩子时间观念差、做事拖拉没什么大不了，这是小孩子的天性，并放任孩子的拖拉行为，这就容易助长孩子的惰性。

（2）做事没有准备

不知道大家是否发现，有时候孩子看起来拖延是因为行动力差、做事没有章法，一会儿想到这，一会儿想到那，边做边想，行动迟疑，导致忙活半天，也不见效果。这与孩子做事之前没有准备关系很大。

（3）家长错误示范

孩子的学习是从模仿开始的，父母正是孩子的第一模仿对象。父母的一些行为习惯会潜移默化地影响孩子，如果父母时间观念淡薄、做事拖拉，孩子自然就容易有样学样。生活中，不少父母放着家务事甚至工作不做，有空就玩手机、追剧，甚至上个洗手间都拿着手机玩，这些孩子都看在眼里，然后就会去模仿。

（4）未说明具体做法

孩子缺乏时间观念，还有一个容易被忽视的因素，那就是当孩子出现拖延行为时，不少家长只知道催促孩子"快点儿啊，别磨蹭了"，却没有说明具体该怎么加快行动，这样只会让孩子成为一个只知道听命令的小"机器人"，而忘了主动思考怎么提高执行力。一旦孩子习惯了被催促，就容易依赖父母的催促，变得"爸爸妈妈不催我，我就懒得动，等他们催我再行动吧""反正爸爸妈妈会催我，先不着急，等他们催我吧"。换言之，有时候拖延不是孩子的本意，而是父母不当的教养方式造成的。

那么，面对孩子的"拖延症"，家长应该怎样教育和引导呢？针对以上原因，有以下几个针对性策略：

1.帮孩子强化时间观念

7~9岁孩子的时间观念还不够强，父母有必要结合实际生活加以强化。比如，早上出门前跟孩子说："还有5分钟我们就要出门了，你快点儿把书包收拾好！"这句话很多父母可能都会说，可是5分钟到底多长？孩子并没有明确的概念，因此最好的办法是设定5分钟的闹钟，5分钟一到闹钟就响了。由此，让孩子感受5分钟的长短。经常这样做孩子自然就会形成较强的时间观念，以后你再说5分钟、10分钟、15分钟，孩子就很清楚了。

事实上，闹钟是强化孩子时间观念的好帮手，家长经常利用设闹钟的办法，让孩子在规定的时间内做事。比如，看电视30分钟，玩游戏15分钟，吃早餐20分钟，收拾房间15分钟，完成作业30分钟，这些都可以设定闹钟。设定了闹钟，且制定奖惩措施，让孩子为完成目标而努力，这样孩子就有了紧迫感。

当然，孩子分内的事情不便于设定奖惩措施，那就让孩子接受自然惩罚。比如，规定孩子30分钟完成作业，或规定晚上9点之前必须睡觉，如果孩子没有在30分钟内或在9点之前完成作业，那也必须上床睡觉，让孩子等着第二天接受老师的批评吧！这样孩子就能够明白拖延带来的后果。

2.提醒孩子事前做准备

在孩子准备做一件事情之前，家长可以提醒孩子："做事之前先思考、做准备，然后有条不紊地去行动，效率就会高很多。"比如，周末一家人要去看电影，出门之前提前10分钟问孩子："等会儿我们要去看电影，你觉得去电影院之前，应该做哪些事情？是不是应该带好零食、水、外套？因为电影院比较凉，还要提前30分钟到达影院……"如果家长经常引导孩子这样去思考事前准备工作，自然可以让孩子感受家长言传身教的力量，慢慢地孩子就会养成做事之前有准备的习惯。

3.家长要做孩子的榜样

要想孩子不拖拉、不磨蹭，家长还需以身作则，从自身开始改变，远离手机、网游等电子产品，多抽时间陪孩子，勤做家务，勤于行动，说了就要去做，不要拖拉。特别是在陪孩子游戏、带孩子去玩这样的事情上，家长更应该注意做好榜样，带着孩子一起积极行动，这会给孩子带来积极的影响。

4.用具体指导代替盲目催促

当孩子做事磨蹭时，不要在一旁如唐僧一样唠叨、催促个没完，不妨给孩子提供具体的指导，比如，告诉孩子先做什么，再做什么，做完了这件事，后面会陪他做什么游戏，通过指导、利诱等策略，激发孩子的行动力。

刷牙、洗澡，总是被催好几遍

很多7~9岁孩子的家长抱怨自己的孩子——像洗头、洗澡、洗手、刷牙这么简单的日常小事，经常要大人一催再催，他才不情愿地去做，要不然自己臭了也无所谓，尤其是男孩。

对于孩子不讲卫生这个问题，有些家长则不那么在意，认为孩子小不懂事、不讲卫生也正常，只要孩子学习不让人操心，邋遢点儿也没什么大不了的，等孩子长大了，自然知道讲卫生了。果真是这样吗？我们不妨来看个案例：

有位小学二年级男生，在校各方面表现都还不错，听老师的话，学习成绩也名列前茅。按说，这样的孩子理应受到大家的欢迎，但是根据班主任反馈给孩子家长的情况来看，这个孩子在班级里竟然没有朋友，大家都不愿意跟他玩，甚至刻意回避他、远离他。

这到底是怎么回事呢？后来家长听班主任往下讲才知道，原来这个男孩平时不注意个人卫生，尤其是不喜欢刷牙、洗澡，身上异味太重。正是这个原因，导致同学们纷纷排挤他，经过他身边时甚至捏着鼻子。

看完这个案例，你是否意识到孩子不讲卫生的后果很严重？案例中的男孩之所以身上异味重，与其家长不重视培养他良好的卫生习惯有直接的关系。所以，家长千万不要认为只要孩子的成绩好，老师和同学们就会把他当成宝。大家不妨换位思考一下，你愿意和一个脏兮兮、臭烘烘的人交往吗？你能忍受别人身上散发出来的阵阵异味吗？如果孩子连个人卫生都搞不好，他的同桌、玩伴、老师以及将来的领导、同事、爱人怎么能与他愉快地相处呢？

孩子的学业固然重要，养成良好的卫生习惯同样重要，两者之间并没有冲突，我们从来没有看到一个人因为重视个人卫生而影响到学习和事业。相反，现实生活中却有人因为不重视个人卫生而失去好人缘、失去爱情、失去商业合作或职业晋升机会。所以，要想让孩子养成讲卫生的习惯，家长务必做到以下几点：

1.重视孩子卫生习惯的培养

曾有这样一个例子：

西安市的陈女士把房子出租给一个二十多岁的漂亮姑娘，该姑娘每天出门都打扮得光鲜靓丽，看起来十分端庄整洁。让人没想到的是，当房子到期，陈女士打开房门时，一股恶臭扑面而来，塑料袋、卫生纸、快递包装袋扔得满地都是，墙壁、地板更是脏得一塌糊涂。

陈女士大惑不解：房子里怎么会有恶臭呢？当她扫视屋内时，发现地上居然有一堆狗屎……谁能想到，一个外表光鲜靓丽的年轻姑娘居然这么邋遢，所住的房间竟然这么脏。

对于这件事，网友们纷纷表示不解：这个姑娘为什么这么邋遢，难道她不觉得脏吗？其实，这跟个人的生活习惯有关，常言道"习惯成自然"。就像有些孩子从小就不喜欢洗澡、洗脚、洗衣服，甚至不喜欢洗脸，久而久之就形成了一种不讲卫生的坏习惯。

英国哲学家培根曾说过："习惯真的是一种顽强而巨大的力量，它可以主宰人的一生，因此，人从幼年起就应该通过教育培养一种良好的习惯。"良好的卫生习惯并不是简单的个人习惯问题，还是一个人教养和素质的体现，不注意个人卫生不仅容易对身边的人造成困扰，影响自己的人际关系，还容易患上各种疾病，危害身体健康。因此，家长一定要重视培养孩子讲卫生的习惯，切勿放任孩子不讲卫生的行为。

2. 用孩子听得懂的方式教育孩子

不少家长教育孩子讲卫生时，只是一味地强调"不讲卫生会滋生细菌""不洗手就拿东西吃，容易生病"，其实这对于7~9岁的孩子来说，理解起来是有困难的。因为细菌是一个抽象的名词，孩子的小脑袋根本不知道细菌长什么样，自然也很难理解细菌的危害。建议家长带孩子走进博物馆或给孩子看视频，让孩子看看细菌长什么样，或把讲卫生的概念融入孩子喜欢的动漫角色中，比如可以这样告诉孩子："知道爱莎公主为什么那么漂亮吗？因为她经常洗澡、洗头！""捷德奥特曼不爱洗手就导致了肚子疼！"

3. 给孩子讲明卫生要求

在日常生活中，讲卫生需要注意哪些事项呢？对此，家长可以和孩子共同制定具体的卫生要求，比如，要求孩子夏天每天洗澡，冬天三天洗一次澡，一年四季每天都要早晚刷牙、洗脸、洗脚，饭前便后要洗手，三天打扫一次卫生、把房间收拾整理一遍，每次出门要穿戴整洁、梳理头发等。当发现孩子未遵守卫生要求时，家长要及时指正，直到孩子固化成习惯。当孩子主动讲卫生时，家长应该及时肯定、表扬孩子，激发孩子的积极性，以便孩子持之以恒地坚持。

4. 运用比较法强化孩子的记忆

当孩子游戏结束，身上脏兮兮、臭烘烘，头发乱糟糟时，家长可以给孩子拍照。当孩子洗澡、洗头、换好干净整洁的衣服后，再给孩子拍照，通过对比询问孩子的感受："你觉得哪个照片的形象好？是刚才汗淋淋的舒服，还是洗完澡舒服？"家长还可以拿同龄的孩子举例子，哪个孩子讲卫生，哪个孩子不讲卫生，让孩子说说喜欢哪个，愿意与谁交朋友等。

5.以身作则，带孩子讲卫生

父母是孩子最好的老师，家长的行为是孩子最好的示范，想让孩子养成讲卫生的好习惯，家长就要以身作则，自己先做到讲卫生，用正面示范影响孩子。比如，每天起床后带着孩子一起刷牙，饭前便后勤洗手，晚上睡觉之前和孩子一起刷牙、洗脸、洗脚等。空闲的时候，带着孩子一起打扫卫生、整理房间。只要家长经常这样做，孩子自然就会养成讲卫生的习惯。

总是粗心大意、丢三落四

一位向来高调的妈妈突然在朋友圈发了一条百般无奈的感慨：

"真佩服我们父母那一辈人，带三五个孩子，工作家务照样不误。我就一个儿子，整天却被搞得精疲力尽。最头疼的是，那小子总是粗心大意，丢三落四，怎么都改不过来，唉⋯⋯"

这位妈妈的朋友圈立刻得到了众多妈妈的呼应，其中一位妈妈是这样回复的：

"昨天刚接儿子回家，我照例打开书包，准备安排一下他的作业，结果儿子怎么也找不到数学作业本了。一问才知道，原来当天最后一节课是数学课，儿子把作业本借给同桌抄写，放学的时候儿子忘了把作业本拿回来，同桌也忘了把作业本还给他。

粗心大意、丢三落四是7~9岁这个年龄段孩子的通病，不是丢了铅笔、橡皮，就是忘了课本、试卷，做题的时候不是漏了一个数字，就是写错一个笔画，经常考试结束后才懊恼地说："那道题我明明会做，可是……"

对于孩子粗心大意、丢三落四的毛病，家长们也是烦恼不已，因为孩子会"连累"他们，让他们不得不跟在后头"擦屁股"。比如，早上孩子到学校后发现作业本忘带了，家长得知后，只好把作业本送到学校；孩子和同伴玩耍的时候把衣服落在了外面，家长只好无奈地去寻找。

想要矫正孩子粗心大意、丢三落四的毛病，家长必须先搞清楚孩子总是粗心大意、丢三落四的常见原因。通常来说，有以下3个原因：

原因1：注意力不集中

很多家长认为，孩子粗心大意、丢三落四是记忆力不好导致的，但是有育儿专家表示："问题不在记忆力，从自身原因看，是因为注意力不集中。"注意力不集中最直接的表现是大脑功能不协调，无法有效地整合各部分的感觉信息，导致注意力分散，一会儿想这件事，一会儿又想那件事。因此，孩子做作业容易拖拉、粗心大意，日常生活中容易丢三落四。

原因2：认知不够全面

很多孩子做作业时容易将69看成96，将b看作d，这种看似是粗心大意造成的审题不清，实际上还有可能是视觉能力失调造成的。因为人们准确地获取信息要经历从眼到脑的复杂转换过程，这一过程涉及视觉集中、视觉分辨、视觉记忆以及视动协调等。如果孩子的视觉能力失调或不足，就容易看错题、做错题。此外，很多孩子同样的错误会屡教不改，可能是没有意识到重要性，或概念理解不清。因为7~9岁孩子的思维能力有限，孩子很难做到举一反三，经常是这道题做对了，同一道题变换个形式就不会了。这可不是简单的粗心大意，而是孩子没有真正理解题目和解题方法。

原因3：父母过度照顾

现代社会，很多孩子从小到大的衣食起居几乎都由父母精心照顾，因为父母总是觉得孩子只要搞好学业就行，至于整理书包、收拾房间、打扫卫生这些事情，家长都会积极地代劳，甚至连穿衣服、挤牙膏都会帮忙。孩子习惯了父母代劳，就失去了锻炼自身能力的机会，久而久之就养成了依赖的心态。比如，作业本忘带了没关系，反正父母会帮忙送过来；东西丢了没关系，反正父母会帮忙找回来，实在找不回来就再买新的。这种心态很容易造成孩子自我要求不严，做事敷衍了事，不认真、不细致，进而导致他们粗心大意、丢三落四。

对于孩子粗心大意、丢三落四的现象，家长应该及时帮其矫正，切莫想当然地认为"孩子长大了就会细心"。当然，在矫正的时候要有耐心，不能急躁。

下面我们来看看具体的解决办法。

1.对孩子要多放权、少包办，培养孩子的独立性

为了避免包办代替造成孩子依赖成性，家长不妨对孩子多放权、少包办，换言之就是平时懒一点儿，鼓励孩子自己的事情自己做。比如，督促孩子每天记住老师布置的作业，回家后第一时间完成作业，然后自己整理书包，睡前要把第二天要用的学习物品准备好。每次孩子完成作业，家长不要替孩子检查作业，而要督促孩子自己检查作业。如果孩子养成以上习惯，那么孩子的独立性就会得到很好的锻炼，而忘带东西、忘记写作业这类的粗心大意、丢三落四现象就会少很多。

2.少给孩子"擦屁股"，让孩子对自己的行为负责

当孩子出现粗心大意、丢三落四的现象时，我们不妨借鉴一下德国家长的做法。据说德国的一些家长对孩子践行的是不管、不帮、不提醒这三个原则，让孩子自食丢三落四的苦果，这样既能培养孩子的独立性，又能激发孩子的责任感。比如，孩子作业做错了或忘了做，家长不要管他，等孩子被老师批评，觉得了丢面子之后，自然就会重视起来。又如，上游泳课时，孩子忘了带换洗衣服，他们经历过这一次尴尬，也就长记性了。

常言道："吃一堑，长一智。"这种做法看似简单粗暴，却十分有效。我们不妨将其作为一种教育方式，在日常生活中灵活变通，鼓励孩子自主解决问题。比如，孩子忘了带课本，打电话向家长求助时，家长不妨先问他："什么时候上课，现在送来得及吗？"如果孩子着急，家长可以说："我现在也很忙，如果你需要我送过去，那必须支付我50元费用，因为我得向领导请假，公司要扣我50元工资。"这个钱可以从孩子的零花钱、压岁钱里扣。如果孩子不着急，那不妨跟孩子说："既然你不着急，我又太忙了，你最好找同学借课本，或和同学共用课本，第二天别再忘记带课本就是了。"

3.教孩子养成事前列清单、事后检查的习惯

俗话说："好记性不如烂笔头。"有时候孩子出现粗心大意、丢三落四的现象并不是故意的，确实是事情多了记不住。为避免这种情况发生，家长有必要让孩子养成事前列清单、事后检查的习惯。比如，你可以准备一个小黑板，挂在孩子的床头，把每天上学需要带的东西写在上面，如带雨伞、红领巾、练习簿等，出门前让孩子对照着检查一遍。

4.多鼓励、少批评，给孩子积极的心理暗示

曾听到一位家长诉苦："我们家的孩子前几天把奖状弄丢了，我训了他一顿，可是一点儿效果都没有，昨天他又把作业本弄丢了，真是罚都罚不过来……"对于孩子粗心大意、丢三落四的毛病，与其批评惩罚，不如鼓励激发，因为大道理孩子都懂，做起来也不难，孩子最需要的是肯定、鼓励和自我价值感。家长不妨这样告诉孩子："很多粗心大意的人都认为粗心大意、丢三落四没什么，但如果你战胜了这个坏习惯，那你就是真正厉害的人。"

自主选择喜欢的衣服，不再是"妈妈让穿啥穿啥"

很多家长发现，随着年龄的增长，特别是到了小学二年级以后，孩子开始变得越来越爱美，对穿衣打扮十分讲究。比如，不再愿意穿爸爸妈妈给自己准备的衣服；跟爸爸妈妈逛商场时，开始自主挑选自己喜欢的衣服；在学校里会留意同学的穿着打扮，有时候会跟风买同款服装；女孩在家喜欢照镜子，甚至偷偷用妈妈的化妆品、模仿妈妈化妆……

看到孩子的这些变化，有相当一部分家长表示不理解，觉得孩子小小年纪就这么爱臭美，这么爱攀比，长大以后那还得了？并且孩子因为爱美，在穿衣打扮上容易来回折腾，会占用较多时间，可能会影响学习。那么，这种担心真的有必要吗？

佳悦是一名三年级女生，学校规定周一到周五必须穿校服，这让她没办法在着装上称心如意。因此，她只好在周末穿自己喜欢的衣服，这可让爸爸妈妈发了愁。因为每个周末佳悦都要上兴趣班，可是在出门之前佳悦不愿意穿妈妈准备的衣服，而是自己在衣柜里来回翻找，直到选到自己满意的衣服为止。如果没有选到满意的衣服，她就哭丧着脸不肯去上学，直到妈妈承诺带她去买漂亮的衣服她

才罢休。

妈妈觉得佳悦出门之前这么臭美，太折腾人，太浪费时间，可朋友告诉她："孩子到了这个年纪爱美是很正常的事情，没什么好担心的。要尊重孩子的爱美之心，适当引导孩子正确地追求美就可以了。"

常言道："爱美之心，人皆有之。"7~9岁孩子喜欢打扮，关注自己的形象，其实是在探索"我是谁"。在这个过程中，孩子会通过不断尝试和模仿，寻找自己独特的一面。虽然在这个过程中会与父母发生冲突，但这也是在向父母宣告："我长大了，我的事情我能做主。"

作为家长，在孩子爱美和自主选择衣服这个问题上，如果应对方式不当，会对孩子造成诸多不良的影响。

1.影响孩子审美观的发展

面对孩子爱美的行为表现，有些家长直接斥责孩子，这会阻碍孩子审美观的发展，压抑孩子对美的追求，还会影响孩子情感的发展，甚至可能导致孩子不再执着于对美好事物的追求，不利于孩子健康审美观的形成。

2.刺激孩子产生逆反心理

孩子正常的爱美心理如果得不到理解和尊重，孩子就容易产生逆反心理，甚至可能故意和父母对着干，以发泄不满情绪。

3.影响孩子独立意识的发展

孩子爱美、喜欢自主挑选衣服，父母正好可以利用这个机会锻炼孩子独立思考的能力和自主选择能力。如果家长阻止孩子这么做，要求孩子凡事听父母的，那么就很容易影响孩子独立意识的发展，造成孩子不愿意思考、不会选择，对父母依赖成性的后果。

美国心理治疗大师斯科特·派克曾说过："真正爱孩子的父母都应该明白——爱孩子，就要尊重孩子。尊重他们的意愿和感受，尊重他们做决定的权利。"因此，对于孩子自主选择喜欢的衣服这个问题，家长有必要做到以下几点：

1.给孩子提供合适的选项

很多家长担心让孩子自主选择衣服会耽误时间，其实这个问题很好解决，只要家长给孩子提供适当的选项，让孩子在这个范围内选择，就可以大大提高孩子的选择效率。举个简单的例子，孩子出门前要选择衣服，妈妈拿出两套衣服给孩子，一套是裙装，一套是休闲装，让孩子二选一。买衣服的时候，家长也可以这样做，让孩子在家长认可的2~3套衣服中做选择，这样可以避免孩子因漫无目的地选择而白白耗费时间，又能够保证孩子的选择不会与家长的审美偏差太大，使家长和孩子都比较满意。

2.尊重并认可孩子的选择

对于7~9岁孩子做出的选择，不论他们选择的是自己喜欢的衣服，还是选择某个玩具、文具、鞋子等，家长最好都要表示尊重和认可，这是培养孩子自信心、独立思考和抉择能力的重要时刻。如果孩子的选择大部分都能得到家长的肯定和认可，那么孩子将会形成超强的自信心和自我价值感。这对培养孩子的审美观、价值观和思维方式都十分有益。

3.引导孩子正确穿搭

尊重并认可孩子的选择不等于全盘接受孩子的选择和穿搭，对于孩子另类的、偏离正常审美的穿搭，家长有必要给孩子合理的建议，引导孩子进行正确的选择。在日常生活中，家长还需有意识地引导孩子正确认识美丑、辨别美丑，帮孩子形成鉴赏美的能力，以利于孩子形成正确的、健康的审美观。

最后要说的是，尊重孩子在着装上的自主选择权，只是鼓励孩子独立思考、勇敢抉择的表现之一，在生活的其他方面，家长也应该持这种态度，以培养孩子的独立思考能力、选择能力，从而减少对父母的依赖，真正形成独立的人格。

别指望七八九岁的孩子主动做家务

在某档青少年真人秀节目中，曾有一个男孩站在台上说："妈妈以社会实践为借口，逼迫我做家务。"

对此，男孩妈妈做出了智慧的回应："生活也是学习的一部分，家务劳动的能力，会锻炼你的动手能力。你现在的学习通过做家务会得到促进，你也会懂得做家务是现实生活的一部分。"

妈妈的这番话引发无数观众和网友点赞，甚至被大家誉为"教育金句"。

我们不妨来分析男孩那句"妈妈逼迫我做家务"，这句话其实反映了现在很多青少年对待家务的消极态度，那就是——不愿意做家务。而很多家长对待孩子做家务这件事也持有"无所谓"的态度，甚至舍不得让孩子做家务，他们认为孩子唯一要做的就是搞好学习。

当然，也有不少家长明白做家务的重要性，并希望孩子主动做家务，可是客观地说，指望7~9岁孩子主动做家务，不过是一种天真的幻想。

为什么这么说呢？

因为孩子并不了解做家务的好处，事实上很多家长也不了解做家务的好处。而且家长缺乏让孩子爱上做家务的方法，仅凭唠叨、逼迫显然不能让孩子爱上做家务。因此，想让孩子养成主动做家务的习惯，家长还需从以下三方面入手：

1.让孩子懂得做家务的好处

关于做家务对孩子成长和成才的好处，国内外很多机构有过专题研究。中国教育科学研究院曾对全国2万名小学生家庭进行调查发现：爱做家务的孩子与不爱做家务的孩子相比，成绩优秀的比例高27倍。哈佛大学一项长达20年的研究表明：爱做家务的孩子与不爱做家务的孩子相比，将来的就业率高14倍，收入高20%，而且婚姻更幸福。

为什么做家务有这么神奇的效果？那是因为从小做家务的孩子更独立、更有耐心、更有责任感，也更懂得有效分配时间。做家务看似只是做了些洗碗、拖地、整理房间等不起眼的小事，实际上却可以充分锻炼孩子的动手能力、独立思考能力、逻辑思维能力，让孩子懂得如何有效地计划、安排学习和生活。

从小做家务的孩子还懂得讲卫生、爱整洁，懂得珍惜家人的劳动，更有感恩之心，这对孩子将来维护好各种关系都很有帮助。意大利幼儿教育家蒙台梭利早在一百多年前就说过："如果我们要拟定一项育儿原则的话，那么第一个原则就是必须让孩子参与到我们的生活中来。"所以说，知识的获取不只是靠课本，日常生活也是很好的课堂。在此奉劝有些家长，一定要改掉"只要孩子学习好，不做家务没关系"的观念，重视培养孩子做家务的习惯。

2.掌握让孩子爱上做家务的方法

不得不承认，不少家长也想让孩子爱上做家务，可由于缺乏正确有效的教育和引导方法，并未激发出孩子对家务劳动的兴趣和积极性。最后家务活还是全部落到家长身上，甚至由妈妈一个人包办。那么，怎样才能让孩子爱上做家务呢？以下方法可供参考：

（1）提出希望，给出选项，让孩子做选择

有些家长想让孩子做家务时，往往会直接要求："快去把地拖了！""把垃圾倒掉！""去把碗洗了！"这种强硬的态度往往容易遭到孩子的抵触，即使孩

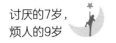
子不抵触，也可能不太开心，做家务的时候自然没那么积极。

建议家长换一种方法——提出希望，给出选项，让孩子做选择，比如说："今天我们全家一起打扫卫生，你想扫地、抹桌子，还是拖地、倒垃圾呢？"这样孩子就不好意思拒绝了，无论他怎么选择都要付出行动，从而参与家务劳动。如果担心孩子觉得做家务无聊，家长可以适当播放音乐，让全家人边唱歌边劳动，这样过程自然就变得欢乐起来。

（2）明确指令，让孩子知道具体做什么

在日常生活中，家长给孩子下达家务指令时，一定要避免笼统地说："把房间收拾干净。""把客厅打扫干净。"这样孩子可能不知道如何下手，最后随便敷衍了事，达不到想要的效果。建议家长把家务指令具体化，例如：

先把书柜里的书拿出来，放在茶几上；

再把抹布洗一洗拧干水，把书柜擦一遍；

等10分钟，书柜自然晾干了，再把书按照大小整齐地摆放在书柜里。

明确而清晰的指令对年幼的孩子来说特别重要，能让孩子更有条理、更有逻辑地去行动，这样可以确保孩子行动的积极性和做家务的效率及效果。

（3）不定时给孩子安排一些富有挑战性的任务

每天重复做同样的家务，孩子可能会感到乏味，从而影响积极性。因此，家长需要不定时地给孩子一些新的、富有挑战性的家务活，这样不仅可以激发孩子做家务的动力，还能丰富孩子的生活技能。比如，擦桌椅、包饺子、烤面包、叠衣服等，都可以邀请孩子参与进来，这些不同的家务体验还能成为孩子写作文的素材，成为孩子童年美好的回忆。

（4）发挥榜样的力量，带动、鼓励孩子做家务

父母是孩子最好的老师，在做家务的时候，父母应该以身作则，发挥榜样的力量，带动孩子积极参与进来。每天抽出10分钟，把家里收拾整理一番，每个周末全家人一起进行大扫除。父母积极做家务的态度会潜移默化地影响孩子，孩子

和父母一起劳动也会感受到幸福和快乐。

对于孩子在家务劳动中的表现，父母要多鼓励、肯定孩子，尽量不要因为孩子没做好而批评他，更不能抱怨孩子"你真是添乱""你这是帮忙吗？分明是帮倒忙！"这样会严重打消孩子做家务的热情和自信心。要知道，孩子不是天生就会做家务，做家务也需要学习，家长一定要对孩子有耐心，多指导孩子，让孩子多锻炼。

3.7~9岁孩子家务劳动建议对照表

对于7~9岁孩子来说，并不是什么家务都有能力做的，难度太大的家务会打击孩子的积极性，难度太小的家务又不能激发孩子的热情，家长不妨对照孩子的年龄，给孩子安排相应的家务劳动：

（1）7岁孩子应学会的家务

学会垃圾分类；学会用扫把扫地、用拖把拖地；学会洗一些简单的小衣物，如袜子、手绢、红领巾等；饭后收拾餐桌，并学会洗碗筷；学会叠简单的衣裤；学会整理自己的书桌、书柜。

（2）8岁孩子应学会的家务

学会使用洗衣机洗衣服；学会叠衣服、裤子、袜子等物品；学会清洗自己的鞋子，适当帮家人刷洗、擦拭皮鞋；学会叠被子；学会用电饭锅煮出软硬适中的米饭。

（3）9岁孩子应学会的家务

学会整理自己的衣柜；学会对书架上的书进行归类整理；每周至少清洗自己的衣物一次；学会烧一两个简单的家常菜；能够独立当家一天。

以上针对不同年龄的家务劳动只是大致分类，家长可根据孩子的实际情况加以调整，总的原则是家长要学会放手，坚持鼓励，让孩子参与家务劳动，培养孩子独立的品质、感恩之心及对生活的热爱，这将是孩子一生的财富。

外强中干的小霸王也需要同情和帮助

我们先来看两个案例：

（一）

家长会结束，班主任陈老师走出教室，经过办公楼巷道口时听到一个歇斯底里的怒吼声："肯定又是你向班主任告状！你到底跟老师说了什么？你这个大骗子，你说过的不跟老师打报告！"

陈老师心想："这是谁家的孩子？"她抬头一看，发现竟然是班上的小君和她妈妈。看到班主任后，小君马上低下头，身子也靠向妈妈，表现出一副乖巧的样子。刚才被孩子吼得一声不吭的小君妈妈，面带微笑着搂着小君，一尴尬地望着陈老师。

陈老师没想到平时在学校文文静静的小君，在她妈妈面前竟然是这幅面孔，于是私下和小君妈妈交谈，才知道小君是典型的"窝里横、外面怂"的孩子。

（二）

一天，赵先生接到妹妹的电话，只听见妹妹慌张又气愤地说："哥，你快来，亮亮拿着一米多长的棍子说要打死我！我管不了他了，你来教训教训他。"

赵先生开车行驶到一半，妹妹又打来电话说："哥，你不用来了，我答应了亮亮的要求，他和我和好了！"

赵先生知道9岁的外甥亮亮在家里有多"浑蛋"，稍有不顺心的事情就大哭大闹，还经常直呼父母的名字，骂粗话甚至动手打人。但他在左邻右舍眼中却是人人夸的"好孩子"，因为他在外表现得非常文静、温和，从来不和别的小朋友发生口角。

赵先生非常清楚，亮亮这种外强中干"窝里横、外面怂"的性格都是妹妹、妹夫错误的教养方式导致的，谁让他们对亮亮过度宠溺，事事顺着亮亮呢？

生活中，像小君、亮亮这样的孩子并不少见，他们在家里就是典型的"小霸王"，目无尊长，粗暴无礼，一言不合就骂人，生气了就哭闹、摔东西。奇怪的是，这类孩子在外面却瞬间变成听话懂事的小绵羊，待人接物彬彬有礼，与人交往温柔可亲，就算吃亏或受欺负了也会表现得很"大度"，不与他人计较，是大家眼中的"好孩子"。可结果呢？他们回到家里，往往会把在外面受的气撒到家人身上。

家长们感到奇怪，孩子为什么家里家外表现出如此大的反差呢？难道这种"窝里横、外面怂"的性格是天生的？当然不是，从儿童心理学的角度来看，孩子"窝里横、外面怂"与家庭教育有着密不可分的关系。那么，到底是怎样的家庭才会养育出这样的孩子呢？

1.家长表里不一

有些家长在外是个老好人，总是一副和气的姿态，在家却脾气暴躁，不给家人好脸色。都说父母是孩子的第一任老师，父母的所作所为被孩子看在眼里，会潜移默化地影响孩子的言行。

2.无原则的溺爱

不难发现，凡是在家里称王称霸的孩子，都是被父母宠到极致的"小皇帝""小公主"，家人对他们百依百顺，无条件地满足，无原则地妥协。当他们犯错时，家长甚至舍不得批评，这直接助长了他们以自我为中心的嚣张气焰，对家人呼来喝去也就慢慢成为一种习惯。一旦要求得不到满足，他们就会发脾气，闹得鸡犬不宁，最后父母只好做出让步和妥协，设法满足孩子，以求息事宁人。而在外面，谁会迁就、惯着他们呢？所以他们不得不表现得老实，否则就会受到教训和惩罚。

3.对孩子事事包办

父母如果真正爱孩子，就应该希望孩子拥有独立的人格，如果父母总是事事包办，孩子缺少锻炼，自信心和生活技能都会受到限制，在同龄人面前也会表现得自卑、懦弱，不敢接受挑战，不敢与人竞争。

4.缺乏爱和安全感

为什么在家霸道的孩子，在外面会软弱得像一只小绵羊呢？这与家长不正确的爱有关，有些父母长期在外工作，平时对孩子缺少关爱和陪伴，只是在每年长假的时候回来，这时他们往往带着对孩子的补偿心理，尽可能满足孩子的愿望，让孩子在短暂的假期里享受宠爱。可是长假结束后，他们又要外出工作，这就容易导致孩子缺乏爱和安全感，特别是在外人面前，孩子的内心其实是孤独和害怕的。

想要改变孩子外强中干的个性，家长就必须对症下药，调整教养方式：

1.父母要做到表里如一

想要孩子拥有健康的人格和优秀的性格，父母一定要管好自己的言行，不能一面要求孩子管理情绪，一面自己又乱发脾气。特别是在外遇到不公正待遇时，切忌把负面情绪带到家里，把火气撒到孩子身上，以免对孩子造成不良影响。如果你是真正的强者，请坚守自己为人处世的原则，待人宽容，但该强硬的时候也决不手软，该勇敢回击的时候决不退缩，决不"窝里横、外面怂"，给孩子树立强者的榜样和风范。

2.坚持原则，拒绝溺爱

爱孩子是母鸡都会做的事，但真正的爱是一门艺术，要讲究方式方法，否则爱到最后却会毁掉孩子。溺爱就是这样，爱得越多，伤害孩子越深，因此家长们一定不要溺爱孩子。在生活中，对于孩子过分的要求和粗鲁的言行，家长一定要及时制止，严肃教育，切勿无原则地迁就、纵容。对于孩子无理取闹、乱发脾气的行为，家长一定要坚持原则，绝不轻易妥协，必要时采取冷处理的方式，甚至可以惩罚孩子，让孩子进行自我反省。

3.为孩子创造社交机会

为什么孩子"窝里横、外面怂"呢？一个很重要的原因是孩子长期的交往对象是家人，尽管他在家里嚣张跋扈惯了，但由于缺少社交机会，因此很难适应外界的交往活动。当他们出门在外面对同龄人时，就会显得畏首畏尾，不知道以怎样的心态和方式与人相处。特别是在遇到矛盾冲突时，他们更容易表现得怯懦、退缩。因此，家长有必要多给孩子创造社交机会，比如，鼓励孩子邀请同龄朋友来家里玩，或带孩子去亲友家玩，让孩子有机会跟同龄人打交道。当然，当孩子之间出现矛盾冲突时，要抓住机会给孩子教育和引导，教孩子正确与人相处的智慧。

第 4 章　学习习惯比成绩更重要——7~9 岁孩子的学习

有调查数据显示，90%的家长都非常在意孩子的成绩，无论是陪孩子写作业还是给孩子报补习班，目的往往都是为了提高孩子的成绩。而事实上，学习习惯比成绩更重要，教育家叶圣陶就曾经说过："教育就是培养好习惯。"好成绩可能是一时的，但好习惯或许是一生的。

厌学：只要不学习，干啥都兴高采烈

无忧无虑的童年是人一生中最美好的时光，如果要说童年有什么烦恼，可能很多孩子的烦恼应该就是上学——每天有做不完的作业，导致没办法痛痛快快地玩耍；作业没做好，也会被老师批评；考试成绩不理想，还会被父母训斥。也许正因为这样，才会有那么多孩子小小年纪就开始厌学。

8 岁的媛媛最近成绩下滑明显，晚上做作业也会磨蹭到很晚，因为有不少题她都不会解答。爸爸妈妈跟媛媛说："不会做的题目明天去学校问老师。"可媛媛却惊恐地说："老师会骂我的！我不敢问老师。"

原来，媛媛最近几天早晨起床后就开始哭闹，不愿意去上学，早餐也不吃，这种情况让妈妈觉得有点儿反常。前几天妈妈还能哄着她去上学，可最近几天怎么哄她就是不去，最后爸爸气得打了她，她才哭哭啼啼地去了学校。可没多久班主任就打电话说，媛媛躲在厕所里不出来，无论怎么喊她她都不理会，甚至还想背着书包逃回家……

很明显，媛媛出现了比较严重的厌学情绪。

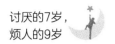
厌学，顾名思义就是厌烦学习。当孩子对学习产生厌烦情绪时，他就会排斥学习，无法保持注意力，从而使学习效率下降，有些厌学情绪严重的孩子甚至会出现逃课、逃学等行为。对于厌学的孩子，只要不让他学习，干啥都兴高采烈。那么，孩子为什么会厌学呢？下面我们针对孩子常见的厌学原因，提出有针对性的解决办法：

原因1：环境陌生，不适应新人新事

如果孩子刚来到一所陌生的学校，面对不熟悉的新校园、新同学、新老师，他可能会不适应，从而厌烦上学。

应对办法：

对于孩子因不适应陌生的校园环境而产生厌学情绪的情况，家长应该多关心、安慰和鼓励孩子，告诉孩子新校园比原来的校园有哪些好处，新老师、新同学有哪些优点，鼓励孩子多与别人沟通。每天孩子放学回家，主动问一问孩子学校里发生的趣事。这样可以促使孩子更好地适应新环境，爱上新环境。

原因2：认知错误，认为学习无用

有些孩子受到一些不良社会言论的影响，认为不读书、不上大学也能出人头地，认为很多公司的老板学历都不高，那些有高学历的人反而为他们打工。这显然是在认知层面陷入了误区，一叶障目不见泰山。他们没有看到更多的成功人士，大多受到过良好的学校教育，甚至具有高学历。

应对办法：

读书学习到底有什么用？相信经历过生活酸甜苦辣的家长们都有切身的感受，家长们可以向孩子讲一讲自己靠读书学习走向成功的经验，或跟孩子分享"少壮不努力，老大徒伤悲"的现实窘境，或讲一讲身边亲友靠读书发家致富，过上幸福生活的例子。当然，还可以用名人名言、成功人士的案例进行佐证。

就算孩子说"×××没上大学也当了小老板"，你也不用着急，你可以告诉孩子："虽然他没上过大学，但人家可从未停止过学习，他平时爱读书、爱思考、爱交友、懂得自省，所以他才能一步步走向成功。"要让孩子明白，学习并不只是在学校上课才叫学习，生活中处处都需要学习，但学校的学习是主要方式，也是基础。这样可以让孩子真正明白什么叫学习，学习的意义何在，从而让孩子端正学习态度，从源头上阻断厌学情绪继续扩散。

原因3：学习吃力，跟不上进度

事实上，厌学现象在7~9岁的孩子身上较为普遍，尤其是对于9岁的孩子来说，此时他们正处于三四年级，这一时期的书本知识需要借助抽象思维、逻辑思维才能更透彻地理解和掌握，难度相比前一阶段有较大的增加。如果孩子学习方法不当，还是依靠死记硬背的话，一旦题型发生变化，孩子可能就难以招架，跟不上进度。

应对办法：

对于正处于三四年级的孩子，或学习吃力的孩子，家长有必要教孩子掌握举一反三、触类旁通的学习方法，学会引导孩子转换思维，灵活运用老师所教的知识去理解、思考、解答相应的习题，让孩子品尝到解题后的快感和取得理想成绩后的喜悦。也许取得好成绩的喜悦一时难以获得，但解除难题的快感却很容易体会到。只要家长多鼓励、多引导，孩子就能够从一次又一次的解题中获得自信，获得学习的动力。

原因4：不善交往，与同学相处不愉快

有些孩子厌学可能是因为不善交往，在学校与同学发生了矛盾冲突，或被别的孩子欺负、孤立，这是影响孩子上学和学习积极性的一大因素。对于这种情况，家长需要先分析孩子无法与同学愉快相处的原因，再帮孩子解决这个问题。一般来说，孩子无法与同学愉快相处，原因可能有以下几个：

一是孩子性格内向，不善于和同学沟通。对于这种情况，家长要多鼓励孩子和同学交往，学会表达自己的想法。家长还可以向孩子建议："你可以邀请同学来家里玩，这样熟悉了，相互了解了，同学关系就融洽了。"

二是孩子受到过不公正待遇,甚至是受到过校园霸凌,心里有阴影,不敢去学校。对于这种情况,家长应该挺身而出,去保护孩子,切勿不经调查就把孩子不受同学们欢迎归结为孩子的错,从而忽略对孩子的心灵安慰,对孩子的心灵造成二次创伤。总之,家长要多听一听孩子的声音,如果孩子受到了不公正待遇,要鼓励孩子勇敢保护自己,还要主动与老师、与霸凌方家长沟通解决问题。

最后,要提醒广大家长,如果你的孩子有厌学情绪,请尝试激发他的学习兴趣,培养他良好的学习习惯,降低对他的期望值,给他制定"跳一跳,够得着"的学习目标,让孩子在点滴进步中获得成就感,强化学习的积极性。与此同时,家长要多鼓励、多肯定孩子的进步,让孩子感受到学习的快乐。这样孩子的厌学情绪才会减轻,直至消除,最后才会爱上学习。

作业没有一天能按时完成

几位年轻妈妈相约在一起喝茶聊天，正当大家感慨不带孩子的时间总是过得那么快时，晓敏看了看时间，马上拎起包包说："哎呀，时间到了，要去接孩子放学了，不知道今天的作业多不多，也不知道孩子又要熬到几点才能完成作业。"

"可别提孩子的作业，简直就是我和孩子他爸爸的噩梦。"丹丹说道。

"还真是这样，每次孩子写作业，全家都会鸡飞狗跳，真不知道该怎么办才好。"萍萍感同身受地附和着。

"每天放学回家，我要求孩子做的第一件事就是做作业，可瞧他那个磨蹭劲儿，半个小时能完成的作业，他能磨一个多小时。"丹丹一脸生无可恋地说道。

"谁说不是呢，当父母太难了，希望孩子到了中学会好点儿，好了，我要走了……"晓敏说完急匆匆地离开了。

写作业磨蹭是7~9岁孩子普遍存在的问题，就像案例中三位妈妈抱怨的那样，明明半个小时能完成的作业，孩子偏要磨蹭一个多小时。对于家长来说，陪孩子写作业简直就是一种折磨，常常让家长感到崩溃，忍不住发火，已经严重影响到家长的身心健康。对孩子来说，在学校上了一天学，放学回家后还没喘口气，就被催着写作业，他们也会本能地产生反感、排斥情绪，进而在行为上表现出走神、磨蹭。

那么，孩子写作业为什么爱磨蹭呢？其中的原因比较复杂，下面我们从不同的方面来分析，并提出有针对性的解决办法：

原因1：生理原因

很多家长认为，孩子写作业磨蹭拖拉，是单纯地因为学习习惯不好，但事实上还有生理方面的原因。科学研究表明，行为抑制是大脑的高级功能，当人们需要完成某一项任务时，大脑就会抑制不恰当的行为，从而使人的精力集中在当前的任务上，而负责这一功能的区域正是大脑的前额叶。对孩子来说，"前额叶"在20岁左右才能真正发育成熟，这就意味着未成年的孩子自控力是有欠缺的，尤其是七八岁的孩子，当他们开始写作业之后，虽然身体坐在那里，但是心思却不一定在作业上，因此导致写作业的效率降低。

正读二年级的小健写作业时总不让妈妈省心，不是东看西看，就是玩橡皮、转铅笔，一会儿又咬手指，如此三心二意，写作业不慢才怪。

这天小健在写作业，他的妈妈在一旁用手机看视频，还不时地发出笑声，她见小健东张西望，就忍不住斥责小健"写作业专心点儿，别东张西望"。这一幕恰好被前来串门的小健的舅舅看在眼里，他事后提醒小健的妈妈："姐，以后小健写作业的时候，你尽量保持安静，避免干扰小健的注意力。"

小健的妈妈意识到了自己的问题，于是采纳了弟弟的建议，后来小健写作业时东张西望、磨磨蹭蹭的情况有了很大的好转。

上面例子中的小健属于典型的注意力不集中的孩子。7~9岁的孩子由于年龄较小，注意力持续时间有限，抗干扰能力也不如成人，所以在写作业的过程中如果被干扰，他们的注意力就更容易分散了，写作业自然就拖拖拉拉。

针对生理原因造成的孩子写作业拖拉的问题，家长不妨采取以下应对策略：

（1）把作业时间进行分段

写作业之前，家长最好先了解一下孩子当天的作业量，然后规定一个总的时间，再把总时间分成若干个时间段。假设孩子当天的作业大概需要1个小时（含休息时间）才能完成，那你不妨将1个小时先分成3个15分钟，孩子每写作业15分钟，可休息5分钟，直到完成作业。当孩子的注意力提升后，再慢慢减少分段次数，延长分段时间。

（2）营造安静的学习环境

当孩子写作业时，家长要有意识地营造安静的学习环境，不要在一旁看电视、玩手机、打电话或大声说话等。同时，要给孩子布置简洁、整齐的环境，尤其是书桌，要准备好学习需要的文具，而不要堆放玩具或零食这类容易分散孩子注意力的东西，也不要在孩子写作业的时候给孩子倒水、送水果等，因为这虽然是关心孩子，但也会分散孩子的注意力，影响孩子写作业的专注度和效率。

原因2：心理原因

有些孩子写作业拖拉，与其性格、心理有关，比如慢性子、苛求完美，这样的孩子写作业的时候就会不紧不慢，苛求完美的孩子由于害怕出错，觉得字没写好，总是来回地检查和修改，这样写作业的效率自然就不高。另外，有些父母见孩子写作业速度达不到自己的期望，就会不断地催促、强制孩子在某个时间内完成作业，或等孩子完成老师布置的作业后，再给孩子额外增加作业，这就容易造成孩子心理逆反，孩子会想"我做完作业也不能玩，干脆慢慢写吧"，继而消极抵抗。

针对心理原因造成孩子写作业拖拉的问题，家长可以采取以下策略：

（1）不催促、不施压、多鼓励

如果你的孩子是个慢性子，那么当他做作业慢慢悠悠时，你最好不要催促

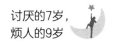

他，别指望他在短时间内能完成作业，因为一个人的性格不是一朝一夕改变的。对于这样的孩子，多鼓励、多肯定，激发孩子的行动积极性才是上上策。

（2）提醒孩子不要太过追求完美

心理学上，把做作业追求完美，喜欢用橡皮擦来擦去的现象，称为"橡皮综合征"。原因是孩子学习压力大，内心焦虑，害怕出错。对患有橡皮综合征的孩子，家长切忌过多指责，更不能打骂纠正，而要多肯定、多表扬，强化孩子的自信心，消除孩子对不完美之处的顾虑和担忧。

2.不要给孩子额外布置作业

不少家长对孩子的成绩过分重视，每天除了督促孩子完成老师布置的作业之外，还会给孩子购买教辅资料，额外给孩子布置作业，这样做严重剥夺了孩子的自由活动时间。孩子心想："我好不容易完成了家庭作业，还要继续做爸爸妈妈布置的习题，还不如慢慢写，耗到晚上该睡觉了，也许爸爸妈妈就会减少我的作业。"其实，对于7~9岁的孩子来说，培养学习习惯比片面强调学习成绩更重要。只要孩子每天能够认真完成家庭作业，养成高效完成作业的习惯，剩下的时间应该还给孩子，让孩子自由活动，而没必要再额外给孩子布置作业。

原因3：其他客观原因

孩子写作业拖拖拉拉，还有一些客观原因，比如孩子对某门学科不感兴趣，从思想上就不想写这门课的作业，或跟不上老师的讲解，对课本知识理解和掌握都不够，题目不会做等。对于这些情况，家长不妨这样做：

（1）教孩子由易到难去完成作业

有些孩子做作业时，喜欢在难题上来回折腾、绞尽脑汁，搞得自信心受挫、积极性受打击。家长不妨提醒孩子，遇到难题先放一边，先把容易的题目做完，再去攻克难题。一定要让孩子养成由易到难的解题习惯，这会让孩子受益良多。

（2）指导孩子解题，适当给孩子补习

对于孩子不懂的题目，家长可以给孩子指导，抽空给孩子补习。但要注意的是，不要让孩子对你产生依赖心理，而要明确告诉孩子："爸爸妈妈给你补习，是不得已而为之，你应该上课认真听讲，不懂的地方要多问老师，靠自己的努力掌握知识，解答难题。"

阅读水平增强，引导孩子自主阅读

在孩子阅读习惯养成的过程中，他们通常需要经历被动阅读、亲子共读、自主阅读三个阶段，而7~9岁是孩子阅读能力发展的黄金期，这一时期孩子阅读水平显著增强，不过受限于识字量，孩子还无法真正实现自主阅读，特别是无法自主阅读纯文字的读物。因此，家长仍要坚持亲子共读，并在共读中激发孩子自主阅读的兴趣，引导孩子学会自主阅读。

1.及时按下"暂停键"，激发孩子自主阅读的欲望

在与孩子进行亲子共读时，家长要学会激发孩子自主阅读的兴趣，最好的办法就是故事讲一半、留一半，引发孩子去思考故事的后续情节。特别是讲到关键处，可以通过停顿来制造悬念，并鼓励孩子对后面的情节加以预测："你猜接下来会发生什么？""你认为谁会……"这样可以激发孩子阅读的兴趣，提高孩子的理解力和想象力。

陈女士说，儿子7岁之后，她给儿子讲绘本故事的时候，每当讲到精彩处就会告诉儿子："我口渴了，去倒杯水喝，你先自己看！"等她喝了杯水回来，就会问儿子："后面又发生了什么故事呢？"这时儿子的回答往往会让她感到惊喜。因为在她起身喝水的两分钟里，儿子自主阅读了后面的故事，并半读半猜地理解了后续的情节发展。

慢慢地，儿子在磕磕巴巴的阅读中学会了自己去猜字，学会了联系前后文理解故事情节，也学会了独立思考。就这样，儿子逐渐体会到凭借自己努力读完整个故事的成就感和满足感。最后，就算陈女士主动要给儿子讲故事，儿子都不愿意了，因为他觉得妈妈讲的太慢了。

陈女士懂得抓住孩子阅读的痛点，知道给孩子制造阅读的悬念，让孩子在好奇心和求知欲的驱动下去阅读。就好像我们大人们追剧一样，每当情节发展到高潮时，我们的好奇心就已经无法遏制了，如果这时候一集电视剧突然结束，我们就会急不可耐，非常期待下一集。所以说，想让孩子爱上自主阅读，就要设法激发他的阅读兴趣，在关键时刻及时按下"暂停键"，让孩子不得不在自己好奇心的驱使下去探索后续的情节。

2.选择"对的"读物，开启由浅入深的阅读模式

7~9岁的孩子识字量不多，阅读纯文字的读物会很吃力，因此家长在给孩子选择读物时一定要遵循由浅入深、由易到难的原则，先给孩子提供故事简短、通俗易懂、标注拼音、图文并茂的绘本，再慢慢过渡到无拼音、内容篇幅较长的优秀少儿读物。否则，一开始就给孩子阅读难度太大的读物，只会让孩子感到自主阅读是件苦差事，很容易扼杀孩子的阅读兴趣。

选择"对的"读物，还包括给孩子提供幽默题材的故事书，让孩子从阅读中获得乐趣和享受。或利用孩子爱幻想的特点，给孩子提供童话故事书。如果孩子爱看英雄人物的故事，家长可以给孩子提供短小精悍的英雄人物绘本。如果孩子爱看历史名著，可以先给孩子提供"草船借箭""三顾茅庐""空城计"这类历史读物。在孩子阅读的时候，适当引导孩子对故事人物简单点评，这样读一些长篇故事就不那么枯燥了。

3.引导孩子运用"5W法"，提炼故事的关键要素

阅读不只是把书看一遍就了事，还要学会概括总结、提炼、思考，这样才能加深理解、深化认识、产生深层次的感悟。因此，在孩子看完一个故事、读完一本书时，要有意识地引导孩子概括总结故事，提炼整本书的关键要素。在这里，向大家推荐"5W法"，即故事的主角是谁（who）、发生了什么事（what）、发生在什么时间（when）、发生在什么地点（where）、为什么会发生这样的事（why）。当孩子搞明白了这五个核心要素，也就可以概括归纳整个故事了，还能更清晰地了解故事的发展脉络，锻炼逻辑思维能力。

4.正确提问引导孩子思考，提升孩子的思考力

7~9岁孩子的大脑天马行空，看完一本故事书后，他们的脑海里经常会涌现出很多奇思妙想。因此家长不妨在孩子读完故事后对孩子进行提问，引导孩子去思考，激发孩子的发散思维，提升孩子的思考力。比如，孩子读完"空城计"后，你可以问他："如果你是司马懿，你会怎么做？是选择破城而入，还是选择撤军？为什么会这样做？"也许孩子的答案很可笑，但请尊重孩子的观点，给孩子多一些肯定，以培养孩子从不同角度去思考的精神。

1年级入学适应期，各种压力逐渐加重

小宇升入小学半个月了，这段时间大人围着孩子忙得团团转，尤其是每天下午四点半之后，小宇的妈妈什么都没心思做，就等着掐着时间点去接小宇放学。每次看到瘦小的小宇背着硕大的书包从学校走出来，小宇的妈妈都有一种说不出的心酸。虽说每天都有作业，但并没有想象中那么多，小宇基本上能自觉地完成。

周五接小宇的时候，妈妈发现小家伙情绪非常低落，很明显发生了什么，但小宇不肯说，她也不好逼问。晚上妈妈整理小宇书包的时候，才发现给他新买的文具盒不见了。妈妈刚要询问，小宇立刻紧张起来。看着小宇忐忑不安的样子，宇妈暗示自己放松心态，然后温和地对小宇说："无论发生什么事情，你都可以告诉妈妈，有问题妈妈会和你一起想办法解决，妈妈喜欢诚实的孩子。"

小宇点点头，慢慢把事情的经过说出来："今天上课的时候，同桌见我的文具盒很特别，就拿去玩。我也很开心，小声地给同桌介绍文具盒的功能，结果老师把我的文具盒没收了。"看得出来，孩子还没有适应小学的课堂纪律，自我约束力差一些。

妈妈拉着小宇的手，看着他的眼睛，态度平和但语气坚定地说："上课的时候一定要认真听讲，有事下课去做，这样才能听进去老师讲什么，这既是对老师的尊重，也是对自己负责，对其他同学负责。否则，自己不知道老师讲了什么知识，还会影响其他同学上课……"小宇认真地点头答应。

从幼儿园到小学，不仅是学习环境发生了变化，老师、同学、行为规范和角色期望等也发生了变化，这就对孩子的学习方式、学习内容、知识难度、行为要求、交往方式等提出了新的要求，这需要孩子去适应。只有顺利度过这个适应期，孩子才能轻松愉快地度过小学阶段每一天的学习和生活。

通常来说，孩子进入小学后所面临的适应难题有两方面：一是学习适应困难，主要表现在拼音读写和数学的学习上；二是社会适应困难，主要表现在任务意识与完成任务的能力、规则意识与遵守规则的能力、人际交往能力这三大块。具体来说，想要适应小学生活，孩子需要正确应对六种"断层"：

断层1：学习环境的断层

小学校园在规模、设施、户外活动场地等方面都比幼儿园大得多，小学教室里成套的桌椅摆放整齐，与幼儿园活动室里的各种随意摆放大不相同；小学生课堂上面对的除了老师就是同学，听课是唯一的选择，不像幼儿园里可以自由选择与同伴讨论、选择自己喜欢的学习方式。孩子从幼儿园进入高大、宽敞的小学校园，甚至有可能迷失方向，找不到班级和厕所。

断层2：学习方式的断层

从幼儿园自由、活泼、自发、有趣的学习环境，进入到分科学习、有作业、受老师支配的学习环境，孩子往往难以持久保持专注，这会影响他们对课堂知识的理解、吸收、运用。孩子还可能被老师批评，这会影响孩子对学习的信心和积极性。

断层3：依恋关系的断层

孩子进入小学后，离开父母，尤其是离开母亲，转而接受老师的高期望和严格的要求。"宝贝"这样口语化的称呼消失，硬性的学习任务将成为一种常态，这会使孩子感受到压力。

断层4：行为规范的断层

幼儿园强调的是自由，游戏规则基本不带强制性，而小学生活要求遵守各种纪律，行为规范带有强制性。因此，孩子进入小学后必须学会约束自己才能顺利融入集体，以往他们任性随意的言行会逐渐被理性和规则控制。

断层5：人际关系的断层

孩子进入小学后，与原来幼儿园的小伙伴们分开，需要重新构建新的人际关系，结交新朋友，要在团队中寻找自己的位置。这会使一些性格内向的孩子难以适应。

断层6：期望水平的断层

在幼儿园里，家长对孩子往往没有什么要求，只要每天开开心心即可。但孩子进入小学后，家长和老师都会对孩子有所期望和要求，比如少玩游戏、少看电视、少和不爱学习的孩子玩、多做作业，这些要求或多或少会给孩子带来压力，容易让孩子产生逆反心理。

以上六大方面的断层是孩子在1年级适应期所要面对的问题，不少孩子初期难以适应，会出现情绪低落、厌学恐惧、焦虑烦躁以及攻击性行为。作为家长，如果想让孩子以轻松的姿态去面对小学的学习和生活，顺利度过这段适应期，那么一定要给孩子指导和鼓励，并注意给孩子减压。

指导孩子与人友好相处，学会使用礼貌用语，听从老师教导，遵守校园纪律，课堂上要认真听讲；鼓励孩子放松心态，多与人交往，有问题向老师求助，有烦恼向父母倾诉；不要对孩子的成绩提出硬性要求，而应当告诉孩子：每天学好课堂知识，课后认真完成作业就可以了。

1~3年级，培养孩子良好学习习惯的关键期

这天，张女士接女儿放学的时候，在校门口遇到一位前同事，她家儿子也是刚升入四年级，两人寒暄了几句，就聊起了孩子的成绩。前同事说："以前我虽然没怎么管儿子的学习，但他的成绩并不差，每科都能考90分以上，但升入四年级后，成绩全面下滑，节前模拟考试成绩一塌糊涂，平时写作业的时候，稍难的题目就不会做……"

前同事滔滔不绝地跟张女士说了很多，意思就是自从孩子升入四年级以来，成绩就莫名其妙地下滑了。尽管孩子每天写作业折腾到很晚，但实际上学习效果并不好，看着孩子疲惫不堪的样子，她也非常心疼。

三年级之前，很多家长见孩子轻轻松松就能考90分以上，就认为孩子学习成绩好。尤其是那些不怎么管孩子学习的家长，更认为这是孩子脑子聪明的表现，于是忽视对孩子学习习惯的培养。殊不知，1~3年级知识量较少、知识难度小，加上有些孩子在幼儿园期间就接触过简单的拼音和加减法，因此进入小学的头几年会有较好的学习表现。

可是三年级之后，随着知识难度的增加，加上孩子学习习惯不好，比如上

课注意力不集中、交头接耳、喜欢打岔、不重视复习和预习等，导致课堂上跟不上老师的节奏，写作业时无法灵活地运用所学知识解题，学习成绩自然就容易下滑。

俗话说："千里之行，始于足下。"学霸不是天生的，不是一天炼成的，而是三年级之前就养成了良好的学习习惯。著名教育家叶圣陶先生曾说："教育的本质就是培养习惯。"他认为拉开孩子成绩差距的是从小养成的各种学习习惯，而不是智商，好的学习习惯有利于激发孩子学习的主动性和积极性，可以大大提高孩子的学习效率，让孩子终身受益。

有教育专家指出："小学阶段是培养学习习惯的关键期，尤其是一二年级。"因为一二年级的孩子刚进入校园，还处于懵懂无知的状态，而且这时他们对老师和家长持有强烈的信任和服从态度，因此是培养其学习习惯的最佳时机。

那么，1~3年级应该培养孩子哪些好的学习习惯呢？

习惯1：独立完成作业

做作业是深化知识理解、巩固课堂所学的主要方式和有效途径，也是孩子学习责任感的体现，更是学校对学生最基本的要求。因此，家长应提醒孩子放学回家后，第一时间独立完成作业。

现在不少孩子认为做作业是给父母做的，如果父母不陪着自己写作业，不指导自己写作业，或不给自己检查作业，他们就会三心二意，磨磨蹭蹭。对此，家长一定要明确告诉孩子："完成作业是你每天的学习任务，是你自己的事情，一定要认真、独立地完成。做完作业，你就可以自由活动了。"切记，一定要让孩子完成作业后有自由活动的时间，这样可以利用孩子对玩的渴望，激励孩子尽快完成作业。

需要注意的是，在督促孩子放学后第一时间完成作业时，少给孩子讲"珍惜时间、合理利用时间"的大道理，因为这对7~9岁的孩子来说比较抽象。正确的做法是，给孩子规定一个时间段，让孩子在该段时间内完成作业，并要求孩子端正坐姿、认真书写、独立思考、保持专注。同时，家长还要营造安静的学习环境，尽量不要干扰孩子写作业。

习惯2：课后复习

尽管7~9岁孩子的记忆力不错，但记忆的知识毕竟容易随着时间的推移而逐渐淡忘。德国心理学家艾宾浩斯研究发现，遗忘在学习之后立即开始，而且遗忘的进程并不是均匀的，最初遗忘的速度很快，以后逐渐缓慢。为了强化记忆深度，家长务必帮孩子养成复习的习惯，每天放学回家写完作业，要求孩子对一天所学的知识进行复习，具体表现为阅读课本，对老师所讲的知识，结合课堂笔记在大脑里回忆一遍、重演一遍，对疑难问题进行思考，从而加深对所学知识的印象。除了当天进行一次细致的复习，第二天、第三天最好还要进行简单的复习和回顾，这样孩子对知识的记忆会更牢固。

习惯3：课前预习

预习是指预先学习，即在课堂开始前，对即将学习的知识进行自学和思考，这样在老师讲课时，孩子就可以掌握听课的主动权，使听课更有针对性。家长可以让孩子每天晚上完成作业、复习之后，对第二天的课程进行预习，预习的时候一定要加以思考，并把不懂的知识记下来，上课的时候集中精力听老师讲。如果还没听懂，课后还应及时向老师提问和请教。

习惯4：思考和提问

学习不能没有思考，否则就是机械收听，效果非常有限；学习不能没有提问，否则无法消除疑问，学习就会存在漏洞和短板。因此，家长要多鼓励孩子思考和提问，向父母提问、向老师提问、向学习好的同学提问。在此提醒家长们，面对孩子的提问，切勿表现出不耐烦，即使回答不出来，也要耐心地引导孩子去思考，陪孩子一起去探索，保护孩子的思考精神和探索欲望。在日常生活中，家长也要积极向孩子提问和请教，鼓励孩子说出不同的想法。这样可以给孩子树立爱思考、爱提问的榜样。

习惯5：专心听讲

专心听讲是搞好学习的首要条件，只有专心致志、全神贯注地听讲，才可能理解老师所讲的内容，才能保证学习的效果。日常生活中，家长应该有意识地给孩子营造良好的学习环境，当孩子写作业、阅读的时候，尽量不要大声谈话、聊天，如果看电视请把声音调小一点儿，也不必时不时地给孩子倒水、送吃的，总之要给孩子创造一个安静的环境。家长最好坐下来做些不发出声响的事情，比如读书看报，这样还能给孩子树立一个爱学习、爱阅读的榜样。

由于孩子天性是好动的，7~9岁的他们很难持续较长的时间去专心学习，因此平时家长可以对孩子的注意力进行训练和强化。比如，通过打乒乓球、滑轮滑、攀岩等运动来提升孩子的注意力。值得注意的是，平时孩子阅读的时候，家长也要避免打扰孩子，以免影响孩子的注意力的发展。

4年级的功课是个飞跃，需要动脑筋思考

不知你是否发现：很多孩子在一二年级时成绩优秀，到了三年级时学习有点儿困难，而到了四年级时成绩则会出现滑铁卢，课堂跟不上老师的授课节奏，理解不了老师所讲的知识，学习变得非常吃力。这种吃力有时体现在单科学习上，有时则体现在全科学习上，这会严重打击孩子的学习积极性，容易导致孩子产生厌学情绪。

李姐一口气给正在上四年级的儿子请了三位家教，每天晚上对儿子语文、数学、英语三门功课进行一对一辅导，每天的辅导费就达到了300元。

有同事不解地问李姐："你家孩子还在上小学，有必要请那么贵的家教吗？"李姐无奈地摇了摇头："我也是没办法啊，孩子一二年级的时候经常考双百，到了三年级每门功课也能上90分，可到了四年级后成绩下滑严重，每门功课只能勉强及格，每天的作业一堆不会做的题目，你说我能不着急……"

李姐一口气说了一大段话，言语间满是焦虑。不难想象，看到孩子从尖子生变成普通生，难免会让她心里有落差，产生严重的焦虑情绪。

相对于一二年级的学习内容而言，三四年级的学习内容更加复杂，难度更大。不少教学经验丰富的老师表示，有些孩子在一二年级上课时不认真听讲，课后不认真写作业，但由于幼儿园的知识功底还在，简单的拼音汉字、加减法等知识基本上都会，所以他们的成绩不会差到哪里。如果孩子上课能够认真听讲，课后能够认真完成作业，那么成绩往往会很优秀。

但是到了三四年级，特别是四年级，如果孩子课堂上不认真听讲，仅靠课后用功是没有效果的。因为四年级的学习内容对于思维能力有了更高的要求，如阅读理解、四则运算等，要求孩子积极运用逻辑分析能力去思考，这种能力是孩子成绩优异与否的分水岭。

四年级的功课是个飞跃，所学知识要求孩子从过去笼统的印象判断变为具体的抽象分析，死记硬背的知识少了，需要动脑筋思考的知识更多了。如果孩子没有及时转变思维方法，就难以适应这一变化，从而造成成绩下降。

四年级的孩子年龄一般在9~10岁，这一阶段，儿童的大脑发育正处于内部结构和功能完善的关键期。研究表明，孩子在10岁左右时，其大脑前额皮层逐渐发育完善，大脑的抑制能力开始增强，他们对自己行为和情绪的变化变得更有意识。同时，他们的抽象概括、归纳分类、比较和推理能力开始形成，思维的敏捷性和灵活性也显著提高，他们开始有自己独立的见解。

四年级是小学低年级向小学高年级的过渡期，孩子开始从被动的学习主体转变为主动的学习主体，孩子的心理和能力发展会表现出明显的分化现象，有些孩子还会出现偏科的端倪。因此，家长工作再忙也不能忽视对孩子学习的教育引导，否则将来偏科严重时，再想改变就非常困难了。

综上所述，四年级是培养孩子学习习惯、学习能力、意志力、情绪管理能力，以及思维独立性和发散性的关键时期。这一时期孩子的注意力、记忆力、理解能力、思维能力和表达能力不断增强，思维发展水平由具体形象思维向抽象逻辑思维过渡。这一阶段，抽象思维逐渐成为孩子的一种重要的思维形式，这个过程是一个由量变到质变的过程。

作为家长，在孩子处于三四年级的时候，一定要重视对孩子做好以下两方面的引导：

1.引导孩子养成良好的学习习惯

良好的学习习惯不仅可以帮孩子提高学习效率，还有利于孩子摆脱自身的惰性，支撑孩子在学习中不怕困难、愈挫愈勇，激励孩子始终如一地对待学习。比如，上课认真听讲、有重点地做笔记；放学后主动、高质量完成作业，对每天所学的知识进行简单的复习、总结，对第二天要学习的内容进行预习，整理错题并分析出错原因；对于不懂的题目要及时向老师、同学请教，不仅要知"其然"还要"知其所以然"。这些好习惯将成为孩子顺利度过四年级这道坎，长期保持不错成绩的有力武器。

2.引导孩子养成主动思考的习惯

学习固然离不开死记硬背，但是光靠死记硬背肯定是不行的。尤其三四年级之后，大部分知识需要总结归纳、发散思维，即使需要记忆，也要有技巧地记忆，这些都要求孩子养成主动思考的习惯，善于对知识点进行加工、整合和消化吸收，这样才能记得牢固、学得扎实。特别是在做题的时候，家长要引导孩子思考解题的关键在哪，思考题目考察的是哪个知识点，这样才能直指问题要害，事半功倍地解题。

学习兴趣和学习方法，是孩子提高成绩的关键

所有为学习而苦恼的孩子，都渴望能够掌握一种不需要努力，就可以获得优异成绩的学习方法。遗憾的是，世界上并不存在这种学习方法，如果真的存在，那前提也是孩子具有浓厚的学习兴趣，然后在兴趣的指引下快乐学习、高效学习，这样才可能获得优异的成绩。

期中考试后的家长会上，王颖的妈妈跟班主任诉苦，说女儿的学习让她特别头痛："女儿说她对学习没有兴趣，上课没有心思听讲，因为就算自己听了也听不懂，题目不会做。"班主任老师证实了王颖妈妈的说法："这学期王颖的学习确实很被动，上课的时候不是发呆，就是东张西望，或是手里玩弄铅笔，每天的家庭作业也不能很好地完成。"

当被问到怎么办时，班主任老师说："想办法激发孩子学习的兴趣，帮孩子找对学习方法才是关键。对学习感兴趣的孩子根本不用大人操心，他自己就会主动钻研。我班曾有一个孩子对数学特别感兴趣，每次上数学课他都全神贯注地听讲，课后认真做习题，除了积极主动完成老师布置的作业，还自己买辅导资料，遇到解不出来的题目他都不愿意吃饭睡觉……"

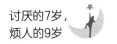

听完老师的话，王颖妈妈恍然大悟："原来我的教育方法不对，以前我只知道逼着王颖背书、做题，根本没想到培养她对学习的兴趣，也没想过她的学习方法对不对，看来下一步我得在孩子的学习兴趣和学习方法上下功夫了。"

这个案例告诉我们，学习是需要内驱力的，即内在动力。有没有内驱力，孩子的学习效果是完全不同的。有内驱力的孩子，会发自内心地喜欢学习，以学习为乐，成功解题后会获得满满的成就感。而没有内驱力的孩子，会厌烦学习、逃避学习，对待学习敷衍了事。

那么，内驱力到底是什么呢？心理学上内驱力主要是指，在需要的基础上产生的一种内部唤醒状态或紧张状态，表现为推动有机体活动以达到满足需要的内部动力。对孩子而言，学习的内驱力主要来源于学习兴趣。学习兴趣主要指孩子对学习的积极倾向，就像孩子爱看动画片、爱玩玩具一样。当然，孩子学习成绩的好坏反过来也会影响学习兴趣的增减。学习成绩好的孩子更容易从学习中获得成就感，而学习成绩差的孩子却容易获得挫败感，这就是为什么学习成绩好的孩子，通常对学习的兴趣更浓厚；而学习成绩差的孩子，对学习的兴趣就少得可怜。

英国生物学家达尔文在《达尔文自传》中说："就我记得的我在学校时期的性格来说，其中对我后来发生影响的，就是我有强烈而多样的兴趣，沉溺于自己感兴趣的东西，探索了解任何复杂的问题和事物。"在强烈兴趣的驱使下，达尔文孜孜不倦地探索求知，爬树观察鸟儿如何孵小鸟，观察鱼儿在水中的活动，捕捉昆虫制作标本，这些活动使他学到了很多有用的知识，帮他走进了科学的大门。

由此可见，只有对学习满怀兴趣，学习才会变成一件乐趣无穷的事情。那么，家长怎样培养孩子的学习兴趣呢？又怎样给孩子学习方法上的指导，让孩子学习更加轻松呢？

1.让孩子明白学习的重要性

学习对一个人来说到底有多重要呢？一位知名主持人曾这样回答："15岁觉得游泳难，放弃游泳，到18岁遇到一个你喜欢的人约你去游泳，你只好说'我不会'。18岁觉得英文难，放弃英文，28岁出现一个很棒但要会英文的工作，你只好说'我不会'。人生前期越嫌麻烦，越懒得学习，后来就越可能错过让你动心的人和事，错过新风景。"

这位主持人的话很形象、很贴切地回答了学习的用途，家长不妨加以扩展和延伸，把学习更多的用途告诉孩子，让孩子明白学习的重要性，增强孩子对知识的渴望，激发孩子学习的源动力。

2.营造良好的家庭学习环境

常言道："父母是孩子最好的老师。"孩子的行为习惯和兴趣爱好会受到父母潜移默化的影响，如果父母都是爱学习的人，阅读是全家人的一种习惯，家里有浓厚的学习氛围，那么孩子从小在这样的环境中就很容易对学习产生浓厚的兴趣，并模仿父母养成良好的学习习惯。因此，建议家长们以身作则，努力为孩子树立爱学习、爱阅读、爱思考、爱探索的榜样，做培养孩子学习兴趣的领路人。

3.设法激发孩子学习的成就感

渴望得到赏识和肯定是人的天性，孩子也不例外。在学习上，即使孩子成绩不好，家长也不能过多批评和责备，反而应该多鼓励、多肯定，特别是当孩子成绩有所进步时，家长更不能吝啬对孩子的赞美之词，还可以适当给孩子物质奖励，比如送孩子一个礼物，但要告诉孩子："奖励你是因为你这段时间学习认真努力，而不只是因为你取得了好成绩。"这样孩子会获得满满的成就感。当孩子意识到只要自己成绩有进步就会受到表扬时，他会觉得努力学习是值得的，会更有动力去认真学习，会对学习更感兴趣。

有些家长可能会说："孩子成绩太差怎么办？我表扬他什么呢？""孩子除了玩什么都不会，我怎么表扬他？"殊不知，这就更要求大家善于发现孩子的优点，学会找到表扬孩子的切入点。比如，孩子考试成绩不及格，家长可以说："你的成绩还有很大的进步空间，你稍微加把劲，就会有大进步！"而不是简单地带着负面情绪去训斥孩子："你真是个大笨蛋，考这么一点儿分，怎么有脸回来？"

4.给孩子有效的学习方法指导

要想学习成绩好，仅凭学习兴趣是不行的，还需要恰当有效的学习方法。好的学习方法可以让孩子事半功倍，轻松获得好的学习成绩。对于7~9岁的孩子来说，好的学习方法其实更多地体现在学习习惯上，比如上课认真听讲，有侧重地做笔记，明白哪些知识点是重点，那些知识点不那么重要，这比眉毛胡子一把抓省心省力得多。

指导孩子课后认真完成作业，尽量让孩子抽空把当天所学的内容复习一遍，每周再做一次总结。这样可以让孩子高效地吸收老师所讲的知识。

有目的地学习，制订合理的学习计划。特别是作业比较多的时候，更需要事先帮助孩子合理计划，先做什么科目的作业，再做什么科目的作业。完成某一科目的作业时，也要让孩子遵循由易到难的原则，会做的题目争取不出差错，难题也要尽量运用所学知识进行解答。

整理错题。让孩子把平时作业和考试中遇到的错题整理在一个本子上，分析错误原因，思考出题目的。还要让孩子每次考前抽出一点儿时间翻看和思考，以避免出现类似错误，这会大大节约复习时间，提高孩子的学习效率。

第5章　创造力和探索欲爆棚——7~9 岁孩子的兴趣和娱乐

　　每个孩子都有创造力或创造的潜能。7~9岁是孩子创造力和探索欲的爆发期，想让孩子的创造力尽情释放，家长们就要抓住这个时期，给孩子创造爱动脑、爱思考、爱探索的环境，激发孩子创造的潜能，培养孩子爱创造、爱探索的兴趣。

精力无限，战斗力爆棚，一刻不闲着

经常听到7~9岁孩子的父母抱怨：

"我儿子是个捣蛋鬼，经常爬上爬下，到处搞破坏，家里被他弄得一片狼藉，我真要被他气疯了。"

"我女儿是个磨人精，一刻也闲不住，特别喜欢翻箱倒柜，经常把她的玩具和家里的小物件翻得到处都是，我们说了她很多次，但她总是把我们的话当作耳旁风，有时候我真想把她关到门外。"

"我儿子七岁多，精力无限，脾气却不在线，总是一点就着，这个年龄段的孩子既不好哄，也吓唬不了，我太难了。你不管教吧，他会得寸进尺；你管教吧，他的战斗力爆棚，一个不如意还会用更极端的方式来反抗。"

小磊是个8岁的男孩，正读小学三年级，每次下课他都会与同学们疯跑打闹，上课却安静不下来，喜欢动来动去制造噪音，影响课堂纪律，老师批评他一句，他却与老师顶嘴；老师罚他面壁思过，他却甩门而去。

老师把小磊妈妈喊来谈话，得知小磊在家里也闲不住，他喜欢户外运动，以前都是爸爸带着他去踢足球，父子俩在球场里疯跑。但是近半年爸爸工作太忙，没有时间陪他去球场，他那过盛的精力就无处释放了。

小磊妈妈还说，小磊做作业的时候总是静不下来，就连看动画片的时候，也会在沙发上蹦来蹦去。小磊每天做作业，更是磨蹭到很晚，这让妈妈感到非常头疼。有一次，妈妈批评小磊做作业不专心，小磊竟然愤怒地要离家出走，幸亏妈妈及时追出去，才把小磊哄了回来。

很多家长不解，为什么7~9岁的孩子特别闹腾、特别喜欢"搞破坏"？而且屡教不改、屡禁不止，他们的脑子里到底在想些什么？不少家长认为这是孩子故意调皮捣蛋，事实真是这样吗？当然不是，这是因为这个年龄段的孩子对周围的事物有强烈的好奇心和探索欲，他们喜欢发挥想象力和创造力，喜欢动手尝试和探索。比如，他们把玩具拆得面目全非，其实是想了解玩具内部的结构；把家里的东西弄得乱七八糟，可能是想按照自己的想法对家里的物品进行重新布置；在外面爬树、爬围墙，或许是想探索不一样的空间感。所以，家长们不能想当然地揣测孩子的动机，更不能粗暴地制止孩子。

那么，家长应该怎样对待精力无限、战斗力爆棚的孩子呢？

1.接纳孩子的精力充沛，而不是随便给孩子贴"多动症"的标签

7~9岁的孩子精力充沛是不分性别的，男孩调皮捣蛋、活泼好动，女孩也是如此。对于孩子精力充沛、一刻不闲着的行为，家长首先应该学会接纳，要认识到这是7~9岁年龄段孩子的特点。因为这个阶段的孩子对事物充满好奇心，喜欢探索、动手尝试，且缺少自控能力，所以会显得特别好动。对此，家长千万不能训斥孩子，更不能随便给孩子贴上"多动症"的标签，因为好动并不等于多动症，两者是有根本区别的。

区别1：是否分场合

患有多动症的孩子，其多动和冲动是不分场合的，比如大家上课安静地听讲，多动症的孩子会突然发出怪声。而好动的孩子一般在严肃、陌生的场合，有较强的自控力，就算控制不住自己，也不会表现得那么出格。

区别2：有无目的性

患有多动症的孩子，其多动是无目的的、杂乱的，他们往往意志力薄弱，做事有始无终，经常这件事没做完又去做另外一件事。而好动的孩子有较强的意志力，他们的活动有一定的目的和计划性。

区别3：有无真正的兴趣爱好

患有多动症的孩子，无论何时何地，都不能较长时间地集中注意力，而好动的孩子对于感兴趣的事情会表现得全神贯注，并且还讨厌被人打扰。

区别4：是否可被理解

患有多动症的孩子，其多动和冲动的行为往往是没有原因，毫无缘由的，常常让人无法理解。而好动的孩子，即使特别淘气，也是事出有因，能被人们理解。

区别5：与同伴的关系

患有多动症的孩子，往往与同伴的关系不好，他们的口头禅是"他们不和我玩"，而好动的孩子，往往喜欢和同样活泼好动的孩子玩，且他们在一起疯得特别开心，同伴关系一般较好。

所以，不要把孩子活泼好动的天性与多动症混为一谈，活泼好动不仅不是病症，反而证明孩子正在健康成长。当然，如果孩子出现了多动症的症状，那么家长也要高度重视并及时带孩子就医。

2.给孩子充足的玩耍时间，而不能粗暴地制止

对于7~9岁的孩子来说，想要让他们老老实实地坐在书桌前，先认认真真地完成作业，再安安静静地看书，这几乎是不可能的事情。家长们与其抱怨孩子精力无限，老是"搞破坏"，不如给孩子充足的玩耍时间，让孩子玩个够，孩子玩累了自然会好好休息，玩够了才能心无旁骛地专心学习。因为玩耍对于儿童来说，真是太重要了。

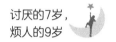

美国儿科学会的一份调查报告提出：玩耍能帮助孩子更好地探索世界和开发创造力，可以帮助孩子控制恐惧。孩子能在自由玩耍中学会合作、分享、协商、解决矛盾等技能，能让孩子找到自己感兴趣的领域。所以，不妨每天给孩子规划好玩耍的时间，让孩子尽情地释放精力，让孩子从玩耍中受益。而不能粗暴地制止孩子，呵斥孩子："别闹了，赶紧安静下来，去房间写作业去！"这样人为地压制孩子躁动的心，孩子是不可能真正静下心来认真学习的。

3.鼓励孩子去探索，但也要惩罚孩子的不当行为

如果孩子喜欢拆东西，想要了解很多东西的内部结构，家长不妨鼓励孩子去拆解，或陪孩子一起拆解，教孩子认识物品的内部结构，帮孩子把破坏力转为创造力。有条件的情况下，甚至还可以带孩子到家电维修部或汽车修理厂，让孩子近距离探索电器或机械的内部结构。如果孩子真的很想探索，那么家长的这种做法就是在培养孩子的创造力。如果孩子只是一时感到好奇，那么这种做法也能有效地消除孩子的新鲜感，满足孩子的好奇心。

孩子在探索、好动的过程中，如果出现明知故犯、故意捣乱的行为，家长不妨制定家规，给予孩子适当的惩罚。比如，孩子翻箱倒柜可以，但事后必须把翻出来的东西放回去，把乱糟糟的家里收拾整洁。如果孩子破坏的是别人的东西或公共物品，必须让孩子承担责任，给予赔偿。如果孩子没有能力赔偿，家长可以代为赔偿，但要让孩子用其他的方式"还债"，这样可以教会孩子为自己的行为负责。

最后，想对家长们说的是：孩子活泼好动是好事，但是太过头也会让人烦。因此，平时不妨引导孩子做些容易静下心来的事情，这样还能培养孩子的注意力。比如，让孩子帮你做家务，或者陪孩子一起做手工、画画、涂色、串珠子等。

看电视、玩游戏、玩手机，无节制

生活中，类似这样的场景家长们一定不陌生：

你刚刚跟孩子约定好：只看一集动画片就要去写作业。可是孩子看完一集动画片之后，没有去写作业，而是继续看动画片。你呵斥孩子关掉电视，孩子却哭闹着还要再看一集。你见孩子哭得那么伤心，一下就心软了，答应再让孩子看一集动画片。

偶然有一天，孩子放学回来就把自己关在房间，你以为孩子在安静地写作业，心里还有一丝的喜悦。却不曾想，当你去喊孩子吃饭时，却发现孩子正躲在房间玩平板电脑。你相信孩子自己会做作业，但孩子却把作业扔到一边，沉溺于电视和游戏之中，顿时你就会火冒三丈。

为什么会出现这样的现象呢？有人会说，是因为家长太溺爱孩子了；有人会说，是因为家长没有给孩子做好榜样；还有人会说，是因为家长让孩子过早地接触电子产品，导致孩子依赖成瘾。家长们又是怎样应对孩子无节制地看电视、玩游戏、玩手机的呢？有些家长会把电视遥控器和手机藏起来，把家里的网线拔掉；有些家长会选择以身作则，在孩子面前不玩手机、不看电视；有些家长会在孩子无节制地看电视、玩游戏、玩手机时呵斥孩子、制止孩子，甚至加以惩罚，你又是怎么应对的呢？

要想改变孩子对电子产品的依赖，我们有必要先分析一下造成孩子沉迷电子产品的原因。一般来说，孩子看电视、玩游戏、玩手机无节制，原因不外乎这样几种：

原因1：社会环境造成的

当今社会，电子产品快速更新迭代，生活和工作越来越依赖电子产品，尤其是手机，几乎人手一部。可以说，电子产品已然成为生活的一部分。孩子生活在这样的大环境下，不接触电子产品是不可能的，加上孩子自我管理能力不足，难以抵制电子产品的诱惑，尤其是体验到电子产品带来的快乐后，更是容易沉溺其中。

原因2：家长的不良影响

很多家长过度沉溺于看电视或玩手机，当孩子看到家长每天痴迷地玩手机时，更会好奇手机的神奇魅力，所以一有机会就玩手机、看电视，甚至以玩手机、看电视作为认真学习、做家务的交换条件。

原因3：有趣的事情太少

我们不妨想想自己的童年生活：那时候电子产品少，放学后大家跳绳、踢毽子、扔沙包、打弹珠、玩老鹰捉小鸡游戏，等等。小朋友之间随便喊一声，就可以约来小伙伴玩个大半天。

再看看如今的城市生活，大家都住在高楼大厦里，小朋友之间自由自在的玩耍时间少了很多，孩子的空闲时间往往被兴趣班、补习班填满。另外，家长忙于工作，陪伴孩子的时间也比较少，在这种情况下，孩子很容易爱上看电视、打游戏、玩手机。

原因4：错误地哄孩子

在孩子小时候，电子产品可能会被家长当作哄孩子的工具。要知道，家长们并不是超人，忙碌的时候恰好遇到孩子吵闹，家长可能会把手机给孩子玩，好让自己清静一点儿。长此以往，孩子就形成了习惯，尝不到电子产品的"甜头"时就会哭闹，而且他们懂得如何运用聪明才智来达到目的。比如，7~9 岁的孩子为了从父母那里获得电视遥控器和手机，会软磨硬泡与父母周旋，绞尽脑汁来达到目的。

无节制地看电视、玩游戏、玩手机对孩子有什么危害呢？

长期沉迷于电子产品，会加重孩子的视觉疲劳，增加近视的发病率。长时间低头玩手机，会导致孩子的颈椎习惯性前伸，影响其骨骼发育，还会使孩子出现注意力不集中、认知延迟、容易冲动以及不能自律等问题。另外，游戏里的暴力、虚幻内容，不仅会影响孩子的性格发展，还会影响孩子的身心健康。因此，引导孩子科学合理使用电子产品刻不容缓。

可是孩子劝不动、骂不得、打不得，对电子产品的依赖就像被磁铁紧紧地吸引着，这究竟该怎么办呢？其实，孩子看电视、玩游戏、玩手机并非不可以，关键要适度。只要孩子不沉迷、不成瘾，学习不受影响，适当地看电视、玩游戏、玩手机完全是可以的。因此，家长切勿矫枉过正，而要设法帮孩子养成"适度看电视、玩游戏、玩手机"的习惯。

1.做好约定，跟进执行

7~9 岁的孩子有很强的自尊心，也有一定的主见，家长有必要和孩子展开平等友好的讨论，对每天看电视、玩游戏、玩手机的时间段、时长等做好约定。比如，每天完成作业后的一小时，可以用来看电视、玩游戏、玩手机，时间到了就要停止。家长要有一个心理准备：如果时间到了，孩子不守约定，可以简单明了地对他说："我们的约定是什么？要么你关掉电视，要么我替你关掉电视。"无论孩子多么抗拒，都要坚持按约定执行。

值得注意的是，这些约定不只是针对孩子，家长同样要遵守。时间到了，家长要自觉地停下来，陪孩子聊聊天、做做家务等。这比自己埋头玩手机，让孩子

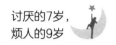
呆呆地看电视，全家人没有任何交流和互动有意义得多。

2.信任孩子，由他做主

如果孩子自控力较好，平时说话算数，能够说到做到，对电视、手机也不痴迷，那么家长不妨多给孩子一些信任，由孩子决定看几集电视、玩多久的手机。这样做的目的是让孩子感受到父母的信任，从而更好地进行自我管理，也能够让孩子产生极大的满足感。比如下面这样的对话：

孩子说："妈妈，我今天有点儿累，想先看一集动画片再去写作业可以吗？"

妈妈说："没问题，我相信你是真的累了，要不然你肯定会先写作业的。去吧，你可以自主安排。"

这种超出孩子期望的话语，会让孩子获得强烈的成就感和满足感。反之，如果孩子说看一集动画片再写作业，你不同意或跟孩子讨价还价，那么孩子的内心是不会得到满足的。这样即使他去写作业，内心也是躁动不安的。

3.用心陪伴，用兴趣引导

一位儿童教育专家曾说："任何顽固的坏习惯都是在呼唤爱。"那些长期沉迷于电视、游戏和手机的孩子，往往是无法从家庭氛围中感受到自由、包容、尊重和接纳的。要想改变这一切，唯有高质量的陪伴，只有陪伴才能化解孩子的心结。在陪伴中互动，在陪伴中引导孩子发展更多的兴趣爱好，培养孩子新的、健康的生活方式，比如画画、打球、游泳等，鼓励孩子与更多的同龄人交往，帮助孩子寻找兴趣相投的同伴和朋友，这样孩子自然不会再迷恋电视和手机。

爱动脑，爱思考，兴趣广泛，求知欲强

7~9 岁的孩子认知能力和体能都有了很大程度的提高，他们爱动脑，爱思考，求知欲和探索欲爆棚。在求知和探索的过程中，会产生很多的兴趣爱好，而遇到自己真正感兴趣的事情时，他们往往会沉迷其中，高度专注。

很多家长不知道孩子爱动脑、爱思考、求知欲强有哪些表现，错误地把孩子的求知和探索行为当作调皮捣蛋行为，对孩子加以呵斥，这无形中扼制了孩子的求知欲和探索欲。因此，家长有必要先了解孩子求知欲和探索欲强的常见表现：

表现1：爱提问

杨女士有一段期间是居家办公，虽然免去了早晚上下班高峰期挤地铁的劳苦，可说起这段居家办公生活，杨女士表示宁愿回公司上班也不想在家办公。因为在家办公效率太低，时不时会被八岁多的儿子打断。例如，儿子会在杨女士正专注地核对财务数据时过来问一句："妈妈，为什么冰箱可以制冷？"杨女士不想停下手头的工作，就对他说："我也不知道，你去问你爸吧！"孩子的爸爸在那边正打电话呢，于是不耐烦地说："别吵我，没看到我正在谈正事吗？"

孩子又过来问杨女士："妈妈，那你知道为什么电视可以看到那么多精彩的节目吗？"杨女士见儿子问个不停，有点儿不耐烦了，说："妈妈不知道，我正在工作呢！"

杨女士说，她搞不懂为什么孩子会有那么多奇怪的问题。

孩子太爱问问题，妈妈感到很苦恼，却不知道这正是孩子求知欲旺盛、热爱思考的表现，同时这也是孩子成长过程中必不可少的过程。在孩子眼中，那些我们看似平常的事情都是很新奇的，所以他们经常会问一些很天真的问题，比如"天为什么那么高？""小鸟为什么会飞？""鱼儿为什么不会被淹死？"这些问题在成人看来是常识，根本不需要去思考，所以一时间妈妈们也不知道如何作答。

表现2：喜欢搞破坏

求知欲和探索欲强的孩子通常都不是我们眼中的乖孩子，而是看起来有些让人讨厌的"破坏大王"，玩具、遥控器、计算器、爸爸的剃须刀等东西，往往逃不过他们的"魔掌"。他们会把这些东西拆得七零八落，甚至都会让父母感到惊讶："孩子到底是怎么拆开的？"碰到这种情况，很多父母会训斥孩子一顿，认为孩子太淘气了，却不知孩子的本意是想了解这些物体的内部结构。

表现3：钻"牛角尖"

有些求知欲、探索欲特别强的孩子，渴望自己找到答案，于是会废寝忘食地探索事物的内在本质，不达目的不罢休，甚至会有点儿钻"牛角尖"。

如果你的孩子有以上三种表现，那么恭喜你，说明你的孩子求知欲、探索欲很强，遇事爱动脑筋思考，如果你能加以正确引导，就可以很好地激发孩子大脑的潜能，这对培养孩子的创造力有非常重要的意义。具体引导建议如下：

1.耐心解答孩子的问题

不少家长认为孩子的问题只是心血来潮时的随口一问，于是随便敷衍两句，或嫌孩子的问题太多、太烦人，就反感孩子、斥责孩子。这种对待孩子提问的态度是不对的。孩子虽然年纪小，但可以从父母的态度中感受到敷衍和厌烦，这很容易扼制孩子的求知欲。因此，无论孩子的问题多么可笑，家长都应该耐心地正面解答。

首先，要肯定孩子爱思考、爱提问的行为。接着根据问题的难易程度区别对待，如果孩子的提问比较简单，家长可以反问孩子，以引导孩子去思考，鼓励孩子自己寻找答案。如果孩子的问题比较深奥，家长回答不了，不妨实事求是地说："这个问题太深奥了，我也不懂，我们一起去上网查找答案吧！"这样既保护了孩子的求知欲，又能启发孩子思考，也让孩子学到了新知识。

2. 跟孩子约定破坏的底线

对于孩子这一阶段的破坏行为，家长可以跟孩子做个简单约定，明确告诉孩子哪些东西不能破坏，要让孩子知道"破坏"的底线在哪里。比如灶台、灶具、刀具等危险的东西不能破坏，冰箱、洗衣机、电视、电脑等贵重的东西不能破坏，公共场所的东西不能破坏，等等。而像玩具、遥控器、文具盒等小物件，一般拆开后都比较容易装回去，也不容易损坏，这些东西可以允许孩子去拆卸。

3. 带孩子去大自然中探索

7~9 岁的孩子好奇心、求知欲旺盛，新奇的东西对他们更具有吸引力。他们喜欢千变万化的大千世界，对大自然中的花草树木、虫鱼鸟兽非常痴迷。因此，在忙碌的学习之余，家长可以带孩子去大自然中探索，夏天可以陪孩子采摘野花，教孩子认识各种各样的植物，或给孩子做个捕虫网，让孩子捕捉昆虫仔细观察，或带孩子去河边捡鹅卵石、打水漂等。冬天下雪的时候，陪孩子一起滚雪球、堆雪人，让孩子观察雪花的形状……大自然有数不尽的神奇之处，有无穷无尽的知识宝库，值得孩子不停地探索下去。

陪孩子在大自然中探索，既能培养亲子感情，也能让孩子领略大自然的风光，开阔孩子的视野，增长孩子的见识，培养其对大自然和生活的热爱。

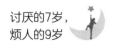

男孩子喜欢冒险、刺激的游戏

　　与女孩的温柔、安静、内敛相比，男孩往往更刚烈、活泼、外向，他们喜欢冒险、刺激的游戏，喜欢追逐打闹、拉拉扯扯，喜欢爬上爬下、蹦蹦跳跳。他们还喜欢神奇、激烈的游戏，如足球运动、挥拍运动，甚至喜欢武器类的玩具，如刀、枪、剑、棍等，还喜欢玩打斗类的电脑游戏。

　　7~9岁的男孩热衷于和小伙伴玩各种刺激、冒险的游戏不要紧，但刺激、冒险也要适度，因为刺激、冒险不等于铤而走险，否则一旦酿成悲剧就会遗憾终生。

　　2015年8月27日，江苏省常州市某小区内发生了一起男孩坠楼事故。一名7岁男孩在25层高的楼顶玩穿越游戏时不慎坠落，当场身亡。据知情人透露，当时有两名男童在楼顶平台上玩耍，一名男童先下楼，后面那位男童疑似玩穿越游戏直飞下楼，结果发生不幸。

　　7~9岁的男孩都有一颗英雄梦，大都幻想过能够像武侠剧、穿越剧里的主角那样飞檐走壁、穿越古今，加上他们年少轻狂、心智发育尚不健全，因此很容易在冲动之下做出危险行为。因此家长们一定要重视这方面的教育，让孩子牢记冒险的游戏要有尺度，一定要在保证安全的前提下进行。同时，还可以给孩子推荐一些有趣的、安全的，既能锻炼孩子身体素质，又能锻炼孩子反应能力、思维能力的游戏，鼓励孩子和同伴们一起玩，或由家长陪着玩。

游戏1：躲藏游戏

躲藏游戏是男孩们最爱玩的游戏之一，会让孩子觉得很刺激。一般来说，家人之间就可以玩，比如，爸爸闭上眼睛，大声数到"30"，妈妈和孩子藏好，然后爸爸开始找。第一个被找出来的人，将在下一轮扮演找寻者。除了找人，还可以找物，即把某个物品藏起来，让孩子去找。找寻的过程中，考验的是找寻者与藏匿者的智慧和勇气，家长可以在游戏过程中引导孩子换位思考："假如你是藏匿者，你觉得藏在什么地方最不容易被发现？"

游戏2：袋鼠跳跳

玩这个游戏的时候，需要穿上麻布袋，像袋鼠一样蹦跳着到达终点，第一个跳到终点的人为获胜者。家长可以让孩子邀请小伙伴来家里玩，或到小区广场上玩，事先准备好多个麻布袋即可。

游戏3：地面打靶

在地面上画出靶环，再画出游戏者所占的区域范围，然后用布偶或沙包当子弹。谁将布偶或沙包投掷到最靠近靶心，谁的得分最高。

游戏4：乒乓球平衡赛

准备几个乒乓球拍和同样数量的乒乓球，游戏者用乒乓球拍托着乒乓球，从同一起点向终点走去，第一个到达终点的人就是胜利者。要求整个过程中，乒乓球不能掉落。这个游戏可以很好地锻炼孩子的手、眼、腿的协调能力，锻炼孩子手部的平衡力。

游戏5：红绿灯

准备一块布，"交警"用布蒙住眼睛，口中依次喊出"红灯""绿灯"，其他人按照"交警"所喊的信号灯要求做动作，如果喊出的是"红灯"，那么马上停止"通行"；如果喊出的是"绿灯"，就往前走。喊信号灯环节结束后，"交警"随意捉到一个人，并猜出这个人的名字。如果猜出，那么被抓的人代替他当下一名"交警"。如果猜错，他要继续当"交警"。

游戏6：二人三足

家长和孩子并排站好，用绳子绑住两人内侧的两条腿，裁判发布命令后，家长和孩子一起往前走，绕过标志物后原路返回。哪一组最快到达终点，哪一组就获胜。这个游戏可以很好地锻炼家长与孩子的协调能力，培养彼此的默契感，增加彼此间的亲密度。孩子也可以邀请多名同伴一起玩这个游戏。

类似的游戏还有很多，既能锻炼孩子的思维能力和身体素质，又能锻炼孩子的协作能力，这是那些横冲直撞、追逐打闹和上蹿下跳的游戏所不具备的功效，更重要的是这类游戏非常安全，建议家长们多引导孩子去玩，或陪孩子一起玩。

发现孩子的潜能，认真培养一项优势或特长

看过《中国诗词大会》节目的家长，想必都会被台上的选手震惊到，其中有一名小选手叫赵则淳，参赛时刚7岁，他可以熟背诗词五百多首。在识字方面，赵则淳并没有接受过系统的训练，但6岁时的他识字量就达到了成年人的水平。

《中国诗词大会》上像赵则淳这样的小选手还有很多，他们都有一个被诗词歌赋熏陶过的童年。孩子的潜能开发要趁早，确切地说，要准确地找到孩子的潜能，再趁早去开发并将其培养成孩子的特长。

那么，什么是潜能呢？

潜能是一种潜在的能量，是蕴藏在孩子身体内部的一种能力，当它被唤醒后，还需要不断地培养和练习，比如有音乐、绘画潜能的人，在成才之前，也需要长期坚持学习和训练。否则，潜能就像鲜花一样，很容易枯萎、凋零。所以，开发潜能的第一步是善于发现潜能。

王老师是一位有着十多年教龄的老师，他曾讲到这样一段教学往事：

我教过这样一个班级：班里多数学生在课堂上表现都非常好，他们懂礼貌、听课认真，与我心目中的"好学生"的形象非常符合，只有一个名叫莎莎的女生

并不是我认为的好学生，她经常迟到、课堂上大声喧哗、作业不按时交。她在集体讨论中很少发言，在班级活动中也不积极。我尝试过相信她、激励她，跟她谈过几次话，但没有什么效果。

有一天，我向同班的赵老师抱怨莎莎。谈话期间，我慢慢认识到，虽然我们对莎莎有相同的看法，也面临同样的挑战，但是莎莎在我们两个人课堂上的表现却大相径庭。

赵老师说："莎莎很有才气，你知道吗？"

我疑惑地看着赵老师："才气？你在开玩笑吧！她在课堂上不完成作业，不参与讨论，只是坐在那里发呆，试卷也是错误百出……"我越说越生气。

"这些都无法否定她是个有才的孩子。"赵老师冷静地回答。

"我并没有说她一无是处……"我又开始辩解起来，但很快我停下来了，我意识到我并不了解莎莎。

赵老师说："莎莎很固执，脾气也不好，但她也有很多优点，还很有才气。你知道吗？她文笔好，会写诗，口才也不错，如果你能用好她的优点，她会变得非常出色；如果你只是盯着她的不足，那只会让她更加叛逆。"

赵老师的话让我感到很惭愧，我们面对同一个学生，竟然给出两种不同的评价。从那以后，我开始调整心态，用全新的眼光看待莎莎。

不是每个孩子都能考100分，但每个孩子都有可能成为某个领域的天才。遗憾的是，家长们往往单纯地用分数来评价孩子是否优秀。所以，这就造成很多天才被放错位置。美国盖洛普公司曾做过一个调查，最后得出一个结论："每个人都是天才，只有20%的人被放对位置。"

怎样才能把天才放在正确的位置上呢？关键是从小要了解孩子的潜能、天赋，让孩子在擅长的领域发挥长处，并对未来保持清晰的规划。作为父母，不能总是用固有的思维评价孩子是否优秀，而要学会发现孩子的闪光点，并对孩子因材施教，帮助孩子把潜能的优势发挥到极致。

那么，如何发掘孩子的潜能呢？

美国哈佛大学心理学教授霍华德·加德纳研究认为，孩子在日常生活中如果有以下20种表现中的5种及以上，那么就预示着孩子在某方面可能比其他人更有潜力。

1.善于把玩具分类整理，比如按大小或按颜色摆放；

2.善用语言描述各种声响；

3.喜欢给别人讲故事，而且讲得绘声绘色；

4.爱提奇怪的问题，比如猪为什么不会飞；

5.能够准确地记忆歌词或乐曲；

6.对经过的建筑物、路标记得清楚，并向大人提起什么时候来过这里；

7.你经常给孩子读故事，当有一天你读错了，或更换用词时，孩子会加以纠正；

8.喜欢伴着音乐声、乐器声唱歌、跳舞；

9.能够根据某个乐器发出的声响准确地判断是什么乐器；

10.方向感很好，即使去往陌生的地方，也能大致辨别方向，极少迷路；

11.知道什么时候该做什么、不该做什么；

12.善于辨别两个物体之间的微小差异；

13.喜欢写写画画，能够形象地勾勒各种物体；

14.动手能力强，很多东西一学就会；

15.喜欢逗弄小动物、摆弄花草、剪纸；

16.喜欢模仿动画片、电视剧中的人物动作或对白；

17.出门在外，落落大方，动作优雅有礼貌；

18.善于察觉父母的情绪和心情，能够领会父母的忧与乐；

19.看到某人时，会说"他好像某某人"之类的话；

20.经常把行为和感情联系起来，喜欢说"我生气了才这样干的"。

值得家长注意的是，如果孩子在做某件事的时候表现出"兴趣浓厚、专心致志、主动积极、持之以恒、百折不挠、创新意识强、效率很高、享受过程"这8条中的3条，就可以视为孩子有潜能，如果孩子满足6条则可视为潜能优异。

比如，孩子在拼拼图、搭积木时很投入，说明他的空间能力、逻辑思维能力、自然智能比较强，家长可以多关注与这三项相关的专业和职业，有意识地把孩子往这方面去引导和培养，这就是成长规划和目标树立。比如可以这样对孩子说："你在建筑空间、逻辑思维方面很有天赋，如果现在努力学习，将来有希望考入××（名牌）大学的建筑学院。"这样更贴近孩子的实际能力和兴趣爱好，孩子更容易产生学习的动力。

还要注意的是，在开发孩子潜能、培养孩子特长的时候，要保持合理的期望值，切莫拿已经功成名就的人跟孩子做比较。比如，同样是打羽毛球，孩子跟同龄孩子比打得不错，有优势，但家长却跟孩子说："你不能跟同龄人比，要跟××世界冠军比！"这样显然会打击孩子的自信心。事实上，世界冠军并不是天生就那么优秀，他们也是从小被开发和培养出来的。所以，家长放平心态真的很重要。

这一时期的孩子创造力个体差异较大

美好的事物都是创造力的果实。如果你想让孩子的一生硕果累累，就不能忽视培养孩子的创造力。当然，同样是7~9岁的年龄段，有些孩子创造力惊人，有些孩子创造力一般，这种差异既来自孩子的天赋，也与孩子父母及家庭环境的影响密不可分。有些孩子擅长绘画，能够绘制出充满创意的画作；有些孩子有语言天赋，能够语出惊人。

一个孩子是否有创造力，创造力的水平处于什么样的阶段，是可以通过行为表现判断出来的。具有创造力的孩子，往往拥有以下特质：

1.爱问"为什么"，所提的问题有一定的逻辑性且逐层深入，绝不是随口乱问。

2.喜欢玩游戏且善于创造新的游戏玩法。

3.爱冒险，喜欢尝试新事物，不喜欢墨守成规。

4.不怕犯错，不惧失败，懂得从错误中汲取经验教训。

5.善于通过独立思考寻找答案，勤于动手解决问题。

6.有坚持到底、不达目的不罢休的精神与勇气。

7.自信心强，不在意周围人的眼光和评价。

8.喜欢玩有挑战性的游戏。

9.追求自由，不喜欢被限制和束缚。

10.做自己喜欢的事情时注意力高度集中，心思缜密。

11.有一定的组织能力，喜欢领导别人，不愿意受别人指挥或控制。

12.有幽默感，善于调节气氛，制造欢乐。

对照以上12条特质，我们可以简单地判断孩子拥有多少创造力。如果孩子的创造力比较强，那一定要保护好孩子的创造力；如果孩子的创造力比较弱，也不要觉得失望，试着多关注孩子，加强孩子的创造力培养。家长们要坚信：孩子并不是没有创造力，只是创造力有待开发。正如教育家陶行知所说的那样："我们发现了儿童有创造力，认识了儿童有创造力，就须进一步把儿童的创造力解放出来。"

请注意，这句话里有一个词很关键，那就是"解放"，这也意味着创造力是孩子与生俱来的，只不过可能受到某些影响而被封闭、压抑了，所以才需要家长们帮孩子打开"牢笼和枷锁"，解放孩子身上原本就有的创造力。所以，家长的教育非常关键，对孩子创造力的发展具有不可估量的影响。

那么，在培养孩子创造力的路上，有什么教育方法可供参考呢？

1.鼓励孩子张开想象的翅膀，勇于异想天开

7~9岁是一个充满幻想的年龄段，孩子"天马行空"的想象也许有些可笑，但是当他们异想天开、不人云亦云时，反而标志着他们创造性思维模式的开启，家长千万不要笑话、打击孩子。相反，家长要跟随孩子的思维，顺着孩子的话题，引导孩子将异想天开继续下去，让孩子想象的双翼进一步打开，这样孩子才能更自由地在想象的世界里翱翔。

创造力具有新颖性和独特性，当孩子的想法、行为与众不同时，家长要懂得包容，哪怕孩子的言行是错误的，是难以理解的。即使孩子画出蓝色的太阳、红色的星星、黑色的苹果，也不要急于纠正，你可以问孩子："为什么太阳是蓝色的？""为什么星星是红色的？""为什么苹果是黑色的？"相信孩子会给你意想不到的答案。

2.善待孩子的好奇心，保护孩子的想象力

好奇心是创造力之源，是学习的动力之源，是探索性学习的关键。好奇心会驱使孩子做出许多冒险的、愚蠢的甚至是破坏性的事情，这个时候请你不要急着批评、斥责、制止孩子，不妨先问孩子为什么要这样做？听完孩子的解释后，再对孩子进行引导教育。对于孩子的破坏性行为，要语气平和地告诉孩子错在哪里，再选择一个合适的途径满足他的好奇心。比如，得知孩子在墙壁上乱涂乱画，只是为了满足天马行空的绘画欲望时，家长不妨给孩子准备一些大的纸张，任由孩子自由作画。这样既不会把墙壁弄脏，也满足了孩子的好奇心和想象力。

3.肯定孩子的质疑精神，陪孩子一起质疑

创造性思维还有一个特征，那就是对已知不断发出疑问："真的还是假的？"从而寻求更多的可能性。这是一种批判性思维，带着这种思维去思考问题，孩子的思路会更开阔、更灵活。当孩子对某个观点提出质疑后，你再让他拿出论据来支撑自己的观点，如果孩子找不出论据，说明自己的观点站不住脚，这个时候就要让孩子懂得接受现有的观点。否则，孩子再坚持就成了固执己见，那是毫无意义的。当然，如果今后孩子又找出了论据来支撑自己的观点，那家长依然要肯定、支持孩子。

第6章　重视朋友关系——7~9岁孩子的社交发展

　　7~9岁是孩子社交能力发展的重要时期，这一阶段的孩子重视朋友关系，开始渴望被朋友认同，会考虑朋友的感受，他们经常会说"我的朋友如何如何"。当然，这通常是仅限于同性之间，异性之间会有明显的群体划分，甚至干脆不允许异性来打扰。

积极寻找自己的"小团体"，渴望认同感

小学二三年级，即孩子在7~9岁的时候，开始渴望成为社会群体的一部分，希望获得同伴的认同。在这个阶段，孩子逐渐变得更加适应同龄人，喜欢和朋友待在一起，更积极地融入群体。因此，这一阶段也被称为"小团体时代"。

到了8岁时，孩子对加入同龄人圈子的渴望更加强烈，并且会为了融入小群体而在父母面前表现出较强的独立意识。在这一年里，他们的行为和个性会变得更加自我，在穿衣搭配、发型和饮食方面不再愿意被父母支配，"妈妈让穿啥就穿啥"的时代已经一去不复返了，他们会注意同班同学和身边朋友穿什么、用什么。为了表示自己和他们是"一类人"，他们会设法让自己穿的、用的和别人保持一致。比如，为了"合群"他们会拒绝妈妈挑选的T恤、短裤，转而穿上公主裙或校服。

小团体的形成让7~9岁的孩子对自我和集体的概念有了更清晰的认识。他们不再独来独往，通常是一伙一伙地在一起玩儿，有时候为了"集体荣誉感"他们会特别讲义气。这种团体式生活是孩子寻找朋友的重要途径，在寻找朋友的过程中，他们会获得他人的认同感，这对孩子的心理发展有着非常积极的意义。

所谓认同感，简单来说就是别人认同你的观点、行为，让你觉得他和你是同

道中人。比如，你穿了一件粉色的裙子，别人夸你的裙子漂亮，说明他认同你的审美眼光；你提出一个观点，别人说："没错，就是这样的。"说明他赞同你的观点。

认同感是一种普遍的心理，也是每个人都需要的一种情感需求，孩子更是渴望这种感觉。孩子在成长的过程中不能缺少父母的认同，同样不能缺少群体的认同，否则他们很难融入群体，也无法在群体交往中感到舒适。为什么有些孩子逃避上学、逃避与人交往？这往往是因为他们无法获得别人的认同感。而当孩子顺利融入了一个小团体以后，对其身心健康、快乐成长会产生诸多正面的影响。

参与群体活动可以锻炼孩子的社交能力，有利于孩子的性格塑造，从而让孩子变得更加活泼开朗。由于孩子在交往中时常会与同伴发生摩擦，因此群体活动也可以锻炼孩子化解矛盾、维护人际关系的能力。群体活动还可以让孩子学会协作配合、相互支持和帮助，增加人际交往的快乐，这会为孩子以后的人际关系奠定良好的基础。在忙碌的学习之余，孩子若能顺利融入小团体，经常参与群体活动，还能让孩子的学习压力得到释放。

那么，对待孩子寻找自己的"小团体"这件事，家长应该注意什么呢？

1.跟孩子分享融入小团体的经验

渴望融入小团体是孩子的心愿，但并不是每个孩子都能顺利实现这个心愿。因为受脾气、性格、行为方式等因素的影响，有些孩子可能无法融入小团体。比如，性格腼腆的孩子不敢主动说话，不善于表达；行为自私、霸道的孩子，容易被其他孩了排斥，等等。对于这些情况，家长有必要跟孩子分享融入小团体的经验。

（1）告诉孩子：胆子要大一点儿

对于性格腼腆、胆小的孩子，家长要多鼓励孩子："胆子要大一点儿，因为大家都是小朋友，没必要觉得不好意思！"有了家长的鼓励，孩子可能会树立起信心和勇气，但需要注意的是，家长一定不能用讽刺和挖苦的方式来"激励"

孩子。

（2）告诉孩子：嘴巴要甜一点儿

当孩子攻克了心理关，接下来你还要教给孩子搭讪的方法。经常听到父母这样教孩子："你过去问问别人，我可以和你们一起玩吗？"其实这种搭讪法并不高明，因为这句话太直接、太生硬，且把主动权交给了别人，等于给了别人拒绝孩子的机会。

再者，大部分孩子都有一定的"排他性"，不太愿意让陌生人加入自己的小团体，所以搭讪很容易被拒绝。如果孩子原本就腼腆胆小，一旦被人拒绝几次，将会变得更加胆小。以后遇到类似的情况，还怎么敢去和别人搭讪呢？

所以，建议家长告诉孩子：搭讪的时候嘴巴要甜一点儿。比如，有几个同龄孩子在小区的绿化带旁边玩石头，家长可以建议孩子这样搭讪："哇，这么多漂亮的鹅卵石啊！"说话间顺势蹲到他们旁边，近距离观察他们玩石头。再见机行事捡起石头把玩，嘴里继续夸道："我从没见过这么漂亮的鹅卵石。"通过这样一波搭讪，别的小朋友肯定会特别开心，很容易拉近彼此的距离。遇到友好的小朋友，肯定会直接把你的孩子拉进自己的群体，邀请孩子跟他们一起玩。

（3）告诉孩子：学会适时帮助别人

告诉孩子，想要融入别人的圈子，就要设法赢得他们的心。怎么赢得别人的心呢？最好的办法是适时地给别人提供帮助。比如，别的小朋友在玩球，你可以让孩子帮着捡；别的小朋友在搭积木，你可以让孩子给他递积木，还可以让孩子主动把自己的玩具拿出来和别人分享，这样大家自然而然就玩到一起了。

2.教孩子学会谦逊礼让

虽说7~9岁的孩子喜欢寻找自己的小团体，喜欢和同龄人一起玩，但他们依然非常需要家长的关心和帮助，需要家长教他们一些与人相处的技巧，从而避免人际冲突，平顺地度过"浑身是刺"的年龄段。要知道，现在的一些孩子在家都是小霸王，恃宠而骄惯了，在群体交往中如果还这样，别的孩子肯定不买账，到时候这些孩子碰得一鼻子灰，还会被群体排斥、孤立。因此，家长一定要告诉孩子："和别人交往的时候要谦逊有礼，不要自私、霸道，独占、争抢，要懂得与人分享，友好协商，不然你是交不到朋友的！"

最后，要告诫家长们一句：尽管7~9岁是孩子渴望群体交往的年龄段，但由于不同的孩子性格不同，因此交友的需求也不同。有些孩子不太爱社交，而是喜欢独处，只要孩子不觉得孤独和痛苦，那就没必要强迫孩子去与人交往。否则，会无形中增加孩子的心理压力，白白赶走孩子的快乐。

推搡、打斗、告状，多发生于这一阶段

甲撞乙一下，乙推甲一下，甲再踩乙一脚，乙追过来再打甲一下。甲哭了，惊动了老师，然后两人都被叫到办公室，"肇事者"往往会先发制人、先指责对方：

"是你先撞我的！"

"明明是你先推我的！"

……

这样的场景是不是很熟悉？

推搡、打斗、告状，这是经常发生于七八九岁孩子身上的事情，尤其是男孩，特别喜欢玩推搡游戏、打闹游戏，看起来就像真的在打架斗殴一样。

一天下午放学接孩子的时候，叶女士领着女儿刚准备离开，突然听到女儿喊道："我们班的张涛和王明打起来了。"叶女士转身一看，女儿班里的两个男生正相互推搡着，家长在一旁劝说自己的孩子"住手"。很快，两个男生就停下了手，还嘻嘻哈哈地相互道别。

原来，张涛和王明是关系很好的朋友，经常在一起打打闹闹，这一次他们也

不是真打架，而是张涛想让王明去家里玩，却被王明拒绝了，所以张涛才拽着王明不让他走，王明被拽生气了，两人这才动起手来。

其实男孩不仅喜欢两个人推搡、打斗，还喜欢"群殴"，就是一群男孩追逐打闹，看起来简直就是一场混战。从心理学角度来讲，打闹游戏的发生是由男孩的生理和心理因素共同决定的，相对而言，女生之间的推搡、打闹现象就少得多。科学研究表明，男孩的攻击性是女孩的两倍，这种区别在3岁之后就呈现出来了。男孩天生就充满战斗的能量，这种能量比他们的身躯大得多，它会驱使他们去做冒险性的、对抗性的，又充满刺激的游戏。

科学研究还表明，孩子之间的推搡、打闹游戏，只有很小的可能性会演变成真正的打架斗殴。大部分孩子玩打闹游戏的时候，都是在全身心地玩冒险性的模仿游戏。别小瞧打闹游戏，它对孩子的智力发展和生理发展都很有帮助。因为在快速的、充满力量感的动作来往中，孩子至少要掌握以下几个核心技能：

1.控制冲动和肌肉力量。打闹游戏要求孩子控制好推、打、防御、躲闪的力度，同时在别人还击的时候还要做好自我保护，避免自己受伤。神经科学家研究发现，给多动的男孩足够多的打闹机会，可以帮助他们学会控制行为，让他们长大后情绪更稳定。

2.学会区别可接受和不可接受的行为。玩多了打闹游戏，孩子就能够分辨什么程度的打闹能够增进友谊，什么程度的打闹会演变成一场恶斗。这都是孩子打闹多年摸索出来的经验和规则，这在某种程度上增加了孩子与人相处的灵活性。

3.学会制定规则并按规则行事。在玩打闹游戏之前，孩子需要进行战略策划，为自己的"攻和防"划定区域，有时还会拉上同伴做队友。

所以，不要想当然地认为孩子推搡、斗殴、追逐打闹是在瞎胡闹，实际上它有着很多深层次的意义。有研究表明，打闹游戏有助于孩子大脑额叶的发育，而这个组织控制着人类的执行能力，它是人类大脑高级活动的一部分。

打闹还能提升孩子的社交能力，经常打闹的孩子性格会更加开朗，与他人相处时会更加外向主动。俗话说："不打不相识。"有些孩子经常打闹、打架，让家长以为他们相互间不喜欢对方，但事实可能并非如此。

一天晚上，张女士给儿子读完睡前故事，躺在床上和儿子聊天。她问儿子："谁是你最好的朋友？"

儿子回答："波波。"

听到这个名字时，张女士并不意外，因为几乎每次问儿子这个问题，他的答案都是一样的。

张女士又问儿子："你还和谁是好朋友？"

儿子回答："丁丁。"

"丁丁？"听到这个名字时，张女士感到很意外，因为之前儿子跟她诉过苦，说丁丁经常找他麻烦，跟他发生过冲突，二人闹过不愉快。

当张女士把自己的疑问说出来后，儿子却说："现在我和他也是好朋友了，我觉得他挺好的！"

张女士疑惑了：孩子之间真是不打不相识吗？前段时间我还劝儿子远离丁丁呢！

不少家长见孩子之间推搡、打闹时，会马上紧张起来，然后强行制止甚至训斥孩子，警告孩子："不可以打人。"实际上，这可能是家长对孩子行为方式的误解，因为孩子之间的事情不能完全用成人的思维去思考。孩子之间推搡、打闹甚至打架，也许不是出于恶意，而是他们特有的与人打交道的方式。作为家长，当发现孩子之间相互推搡、打闹时，只需确保孩子是在开心的状态下与人正常交往即可，同时引导孩子把握行为的尺度，不要给他人造成伤害。具体而言有以下两点：

1.询问孩子们是否玩得开心

看见孩子正在推搡、打闹甚至摔跤时，不要急着阻止，而要先确认他们是在玩还是真的打架。可以问孩子们："你们这样玩得开心吗？"简单的问题，就可以帮助我们获得答案。要注意，是确认两方孩子是否都开心，这样孩子间的打闹才有意义。

2.教孩子把握好行为的尺度

家长要告诉孩子，在和别人玩打闹游戏时，不能带着情绪去推、打对方，也不能行为尺度过大，伤及他人。比如，不可以打脸，不可以用脚踢，不可以攻击要害部位，不可以揪头发，不可以戳对方眼睛，不可以用拳头打头部等。当确认了孩子们是在打闹时，可以让他们去宽敞的地方打闹，或给孩子准备一个摔跤垫，让他们在安全的环境下打闹。

男孩女孩开始以性别分群

某小学二年级的教室，同桌的男女同学都在课桌中间画上一条分界线，大家相互约定不能越线。如果一方不小心越线，便会遭到对方的抗议甚至攻击。

下课铃声响起，几个女生聚在一起有说有笑，却对走过身边的男同学不理不睬，偶尔出现男同学不小心碰到女同学的情况，也会招来女同学一句"真讨厌"。

男孩们热衷于群体性活动，三三两两勾肩搭背、追逐打闹，但他们不太愿意和女同学搭话，更别说一起玩了。似乎到了这个年龄段，男女同学突然开始相互排斥了。

有一次，女同学萌萌遇到了一个不懂的问题，就向前排的男同学小飞请教。小飞很热情地给她讲解，结果周围几个男同学一起起哄道："嗷嗷……不害臊。"

案例中的情况是小学二年级孩子出现的性别分群现象，它是儿童到了特定年龄段在两性交往中出现的正常现象，它表明孩子们已经从行为和心理上认识到男女两性是有差异的，并更加认同自己的性别角色，注重发展同性间的友谊。

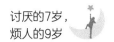

通常，这个特定年龄段指的是7~9岁。在7岁之前，孩子对两性差异认识尚浅，那时候男孩女孩在一起玩得不亦乐乎；在9岁之后，随着生理不断发育并逐渐接近青春期，孩子们开始渴望接近异性、了解异性。另外，7~9岁的性别分群阶段，实际上是为下一阶段的异性相吸做准备。

1.告诫孩子：不能嘲笑与异性交往的同伴

在7~9岁异性疏远期，如果你的孩子只与同性交往，不愿意与异性交往，那么你有必要告诫他："与异性交往没什么错，你可以不与异性交往，但是对于那些和异性交往的同伴，你不能搞恶作剧，更不能嘲笑他们。因为嘲笑别人不仅不礼貌，还会伤害别人的自尊心。"要让孩子学会推己及人、换位思考——如果你与异性交往时被人嘲笑，会有怎样的感受？教育孩子对异性、对与异性交往的同伴保持宽容的态度，有助于孩子处理好与同性及与异性的关系，帮孩子顺利度过异性疏远期。

2.鼓励孩子：要与异性大大方方地交往

教育心理学研究认为，与异性交往的过程可以锻炼孩子的交往能力，提高孩子的社会适应能力，还可以帮孩子更好地形成尊重异性、爱护异性、关心帮助异性的良好品质。男孩女孩之间的正常交往，不仅有利于提高孩子的学习效率，还有助于激发孩子对生活和学习的热情，丰富孩子的个性，培养孩子健康的人格，促进孩子的身心健康。因此，家长有必要鼓励孩子大方地与异性同学交往。同时，还应给孩子几点与异性交往的忠告：

（1）坚持健康、文明的交往原则

与异性同学交往要说话文明，切忌说粗话、脏话；举止要自然大方，不可随便、轻浮，比如不能拍打对方的肩膀，不可与对方打打闹闹等；要尊重异性，不可拿对方寻开心等。

（2）选择适当的交往场所和时间

与异性同学交往要选择适当的交往场所和时间，不能在偏僻、昏暗的私密场所，也不能选择晚上单独与对方交往，而应选择在教室里、操场上、回家的路上等公开场合，而且尽量选择群体交往。

（3）鼓励孩子向异性同学学习

一般来说，男孩大大咧咧、粗心大意，而女孩相对比较安静内敛、心思细腻；男孩胆大、坚强，女孩娇气、懦弱。所以男孩女孩一起交往可以弥补各自的性格不足，让双方性格变得更完美。因此，家长要鼓励孩子尊重异性、欣赏异性、帮助异性，向异性学习。

3.劝慰孩子：用平常心对待同伴的嘲笑

我们建议孩子"与异性大大方方地交往"，但是并不能保证孩子在与异性同学交往的过程中不会遭到同伴的嘲笑。因为在7~9岁异性疏远期，同性之间会默默地达成一种"排斥异性"的共识，当有人违反这个共识时，就会遭到其他同伴的鄙视、嘲笑。

那么，当孩子与异性正常交往却遭到同伴的嘲笑甚至冷落时，我们要怎么劝慰孩子呢？其实还是那句话："与异性交往并无不妥，只要与异性保持正常的交往，其他的随别人说去吧！要用平常心对待别人的议论。"

当然，如果孩子不想被同伴嘲笑和冷落，又不想放弃与异性交往，那么可以让孩子灵活掌握与异性交往的尺度，比如平时在班上可以减少和异性同学接触，但在异性同学有困难时可以主动提供帮助。

与老师的关系，带有明显的个人色彩

提到培养孩子的人际交往能力，让孩子拥有良好的人际关系，很多家长首先会想到教孩子如何与同学相处，其实还有一种关系也很重要，那就是孩子与老师的关系。如果这种关系处得好，会有两个明显的好处：一是孩子喜欢老师，自然更愿意听老师讲课，学习效率也会更高；二是老师喜欢孩子，自然愿意给予孩子更多的关注和帮助，这对孩子的学习非常有利。

很多时候，家长可能不那么在意孩子与老师的关系，只是单纯地认为：孩子只要上课遵守纪律，认真听讲，管好自己的学习就可以了，与老师的关系没那么重要。其实并非如此，家长更应该做的是：引导孩子尊敬老师、喜欢老师，处理好与老师的关系。特别是当孩子在学习上遇到困难时，家长更应该引导孩子放下对老师的成见，学会从自身找原因。

张怡是某小学三年级女生，她性格活泼开朗，课堂上发言积极，各科目成绩在班级名列前茅，唯独语文成绩一般，因为她不喜欢上语文老师的课，她觉得语文老师讲课"太刻板、太无趣"。于是，她上语文课时情绪消极、漫不经心，不积极回答问题，有疑问也懒得问老师，有时候干脆趴在桌子上睡觉，因此经常被语文老师点名批评，所以她和语文老师的关系很一般。

妈妈告诉张怡："每个老师都有自己的讲课特点，不可能适应每个学生的喜好，因此你不能太过于在意老师的授课方式，而应该把精力放在学习本身。"听完妈妈的开导，张怡恍然大悟。

此后，张怡改变了对语文老师的态度，还把自己落下的知识点整理出来，将精力投入到语文知识的学习上，遇到不懂的问题还主动向老师请教，她刻苦钻研的精神得到了语文老师的肯定，师生关系好转了很多，她的语文成绩也慢慢提高了上来。

每个孩子有每个孩子的特点，每个老师有每个老师的授课方式，当孩子对老师存在偏见而影响学习时，家长明智的做法是，引导孩子端正对老师和对学习的态度，在孩子和老师之间搭起一座桥梁，让良好的师生关系成为孩子学习的润滑剂。

1.倾听孩子的诉说

日常生活中，家长要多和孩子沟通校园生活。当觉察到孩子情绪不对时，要引导孩子说出心中的苦闷。特别是当孩子对老师产生误解，或被老师批评，或遭遇老师不公正的对待，或在某科目的学习中遇到困难时，家长要耐心倾听孩子的心里话。听完孩子诉说的委屈或遭受的不公正待遇后，家长最好不要马上做出评判，可以先安抚孩子的情绪，然后通过老师了解客观事实，再与孩子交换看法，给出合理的解决办法。

2.引导孩子喜欢老师

我们都知道，孩子对老师的好感度，很大程度上会影响孩子对相应科目学习的积极性和学习效果。因此，平时家长要多引导孩子建立起对老师的好感。具体有以下几点方法：

（1）多在孩子面前积极评价老师。比如，"你的语文老师知识非常渊博。""你的数学老师是优秀教师，教学经验很丰富。""你的英语老师很有责任心，对学生很关心。""我觉得你们老师人很和蔼，很有爱心。"切忌在孩子面前说"这位老师不负责任""这位老师没经验""这位老师偏心"这类话。

（2）多跟孩子讲老师的"辛苦"。比如，对孩子说："你们老师其实挺辛苦的，每天要面对那么多学生，而且有时你们确实挺淘气的，太让他们操心了。"引导孩子体谅老师的不易，哪怕偶尔受到老师的误解或不公正对待，也要学会宽容对待。

（3）多替老师向孩子传达积极评价。比如，对孩子说："今天家长会上，你们班主任说你上半个学期表现很优秀，成绩也进步了很多，他说只要你再接再厉，下学期会取得更好的成绩！""今天在超市和你语文老师偶遇了，他说你最近听课特别认真，课堂知识掌握得很好！"

（4）提醒孩子在特别的日子里给老师祝福。在过"教师节""元旦""春节""中秋节"时，家长可以提醒孩子给老师发短信、打电话问候一下，如果孩子愿意的话，让孩子动手给老师做个贺卡、写封信，都能增进老师与孩子的关系。

3.多与老师保持沟通

想让孩子与老师处理好关系，家长有必要多与老师保持沟通。建议家长平时接送孩子时，若遇到老师不妨与其闲聊几句，聊聊孩子在校的情况，向老师表达敬意，感谢老师的付出。

4.配合老师做好辅导

教书育人不只是学校的事情，家庭也有很大的责任，建议家长们平时要配合老师做好孩子的学习辅导。当有一些作业需要家长配合一起完成时，家长要认真对待，切莫敷衍了事，否则孩子也会觉得随便应付一下就行。

最后要说的是，没有哪个老师能够保证每个孩子都喜欢他，如果你的孩子确实不喜欢某位老师，那也很正常，你没必要逼着孩子与老师搞好关系。但要让孩子记住一点，无论哪个老师，本质上都是在帮助他成长，对老师要有一颗感恩之心，要尊敬老师。

依赖妈妈，崇拜爸爸，祖孙关系融洽

良好的家庭关系是孩子健康成长的精神和情感养料。在7~9岁这个年龄段，孩子与妈妈、爸爸、祖辈的关系会是怎样的一种状态呢？研究显示，这一阶段的孩子对妈妈是依赖的态度，对爸爸是尊重的态度，与爷爷奶奶或姥爷姥姥则是陪伴、玩伴的关系，即我们常说的"隔辈亲"。这样的关系状态虽好，但也需要注意可能存在的问题。

首先，我们来聊一聊孩子与妈妈的关系。

在大多数家庭里，妈妈对孩子的呵护是最用心、最暖心、最贴心的。孩子从小习惯了妈妈的爱，慢慢地就会对妈妈形成依赖。这种依赖不只表现在生活起居上，在心理上、精神上孩子对妈妈更加依赖。

7岁的女孩琪琪每天放学回家如果看不见妈妈，就得和妈妈通电话，听到妈妈的声音，她就会觉得安心。在她的世界里，妈妈说的都是对的，她有什么心事只愿意跟妈妈沟通。有时候妈妈在公司加班，电话里告诉琪琪自己有很重要的工作要做，琪琪却不理会，依然要求和妈妈聊天。如果妈妈挂了她的电话，或告诉琪琪"我在忙，不能和你聊天"，琪琪就会很失落、很愤怒。

作为妈妈，看到自己含辛茹苦养大的孩子那么依恋自己，内心肯定充满无限的暖意，但妈妈一定要避免孩子过度依赖自己，同时也要避免自己过度依赖孩子，以免干扰孩子的成长。7~9岁的孩子渴望自由、独立的生活，妈妈千万不要以爱之名去控制孩子，干涉孩子的思想和活动，不然会造成孩子内心压抑，影响孩子的价值观、世界观发展。因此，在爱孩子的同时，妈妈要学会适当放手，给孩子选择的自由，让孩子为自己的选择负责，鼓励孩子做决定、做自己。

接着，我们来探讨孩子与爸爸的关系。

在传统家庭观念中，妈妈是孩子的主要养育者，这种观念在现代社会还影响着很多年轻父母，以至于我们经常看到妈妈们忙着照顾孩子的衣食起居、送孩子上兴趣班、接孩子放学，也听到过妈妈们抱怨丈夫当"甩手掌柜"。

事实上，爸爸是孩子成长过程中必不可少的参与者，爸爸与孩子建立良好的关系，其作用比我们想象的要大得多。男孩的成长过程如果没有爸爸参与，孩子往往会胆小、懦弱、缺乏阳刚之气。

曾经有一个男孩子，平时都是由温柔体贴的妈妈照顾，爸爸每个月回家一次，回来也很少陪他玩。男孩上学后，不敢和班里的男生玩，而是喜欢和女生一起玩，甚至笑的时候都会像女孩子那样捂着嘴巴。虽然他的个头在同龄孩子中不算小，但受到欺负时他也只会抱着头哭泣。可见没有爸爸参与的童年，男孩的男性行为特征就弱化了。

爸爸是权威、力量、智慧的化身，相对而言可能比妈妈更有计划性、目的性，而且知识面广，兼具勇敢、独立、果敢的品质，从这个角度来讲，这个阶段的孩子，尤其是男孩对爸爸是充满和敬畏和崇拜的。这一阶段，爸爸充分参与男孩的成长和教育，对男孩男子汉气概的培养至关重要。

对女孩而言，这一阶段爸爸的形象是高大伟岸的，爸爸同样是女儿骄傲和崇拜的对象，这一阶段的爸爸不仅能给女儿带来强烈的安全感，还可能会成为女儿将来择偶的参照标准。但如果爸爸总是没时间陪女儿玩、和女儿谈心，恐怕"小棉袄"将来也没办法贴心了。尤其到了青春期，有些爸爸放弃了对女儿的教育和引导，把女儿完全交给了孩子的妈妈，这对女孩的成长是非常不利的。

最后，我们讲一讲孩子与祖辈的关系。

有研究认为，多代同堂的大家庭人际关系复杂，不利于家庭成员形成内聚力，而两代同堂的家庭人际关系过于简单，在家庭代际上存在固有的缺陷，不利于孩子在家庭小社会中领会全部复杂的人际关系，比较理想的家庭模式是祖孙三代同堂，可以弥补前两者之短，有效地发挥良好的家庭教育功能。

祖辈有丰富的阅历、充裕的时间、慈爱的品质以及平和宽容的心态，能够做到比年轻的父母更有耐心地对待孩子。他们虽然年龄大了，但在孙辈面前，可以重拾童心，能够像同伴一样与孙辈交流谈心。在这种融洽和谐的隔代交往模式下，孩子很容易产生心理安全感、获得心理自由，从而有助于孩子形成积极的个性特点，拥有良好的社交技能。

相比于忙碌的年轻父母，祖辈更能放慢教育的脚步，也能降低对孩子的期望，这就避免了急于求成，避免了给孩子造成心理负担。而且祖辈更能够细心体察、及时满足孩子的需求，这样可以缓解年轻父母的抚养压力，从而提高家庭教育的质量。同时，祖辈们和孙辈们相处，也有助于消除祖辈晚年的孤独感，为晚年生活增添乐趣。

所以，在条件允许的情况下，最好祖孙三代同堂生活，没有条件的话，也可以创造条件。比如，祖辈生活在乡村的话，节假日可以带孩子回乡，这样增加了孩子与祖辈相处的时间，有利于增进晚辈对祖辈的感情，培养晚辈的孝心。

值得注意的是，如果祖孙三代同堂生活，年轻的爸妈要和自己的父母达成一致意见，以消除隔代养育的弊端。一是要让祖辈认清孙辈不是自己感情的寄托，更不是自己的私有物，自己也不是教育的主力军，而是辅助者。二是祖辈与父辈要一致地对待孙辈，不能宠溺孙辈。三是当父辈与孙辈发生矛盾冲突时，祖辈要维护父辈的尊严，帮助孩子的父母树立威信，同时要在孙辈心中树起祖辈慈祥、有原则的形象。

第 7 章 不唠叨、不控制、不较劲——与 7~9 岁孩子相处的技巧

7~9岁的孩子已经进入小学，变成了"小大人"，随着独立意识和自尊心越来越强烈，他们渴望挣脱父母的掌控，经常会出现"你让他往东，他偏往西"的现象。因此，想要与孩子愉快相处，家长要遵循不控制、不包办、不唠叨、不较劲的原则。

与7~9岁孩子相处的技巧："引导"代替"管教"

如果你家有7~9岁的孩子，你一定会发现他比7岁之前难管教得多：

他调皮捣蛋不服管教，经常跟你顶嘴、和你对着干；

他动不动使性子、撒泼打滚；

他做事拖拖拉拉、要求做的事情转眼就忘，而且很容易精力分散；

他喜欢玩耍，讨厌你的限制和管教，还会质疑你"凭什么？"；

他们还会搬出老师来压人："我们老师说了……""老师是这样教我们的，我听老师的。"

……

你肯定很想知道"为什么孩子这么难管教"，其实原因很简单，就是孩子又到了7~9岁叛逆期，这是孩子人生的第二个叛逆期，这个年龄段的孩子已经进入小学，所接触的人和事多了，所学习的知识也比在家里多得多，他们有了一定的生活经验，觉得自己已经长大了，是个小大人了。所以，他们极力想摆脱父母的控制，于是变得处处喜欢跟大人唱反调。

既然孩子的心理和行为发生了变化，那么家长与孩子相处的方式也应随之调整，要用"引导"代替"管教"，而不能总想着管束孩子、限制孩子，不能总要求孩子"服从""听话"。即使想要孩子服从，也要注意方式方法，不然达不到效果，反而容易激起孩子的叛逆和对抗，最终麻烦的是家长自己。

那么，怎样引导7~9岁的孩子呢？

1.和孩子一起制订计划

7~9岁的孩子自尊心和独立意识强烈，他们渴望自己的事情自己做主，渴望被父母当作大人一样对待。因此，家长不妨主动满足孩子的这种心理，在孩子能够做主的范围内，给孩子自由选择的权利，鼓励孩子自己做主。在家庭事务上，家长可以邀请孩子参与进来一起制订计划，或让孩子为家庭计划出主意。比如，周末出游计划、制定家规、家务活动安排等。这样既能满足孩子的独立需求，让孩子获得参与感，又能激发孩子执行计划、遵守家规，以及做家务的积极性。毕竟计划、家规、家务安排等也是孩子参与制定的，谁又会违背自己定的计划呢？

2.语气坚定，偶尔说明原因

孩子在7岁之前，家长要求他做什么事情，他会说："我不干！"可孩子7岁之后，家长要求他做什么事情，他不但不干，还可能质问你："凭什么让我干？"这时家长不妨语气坚定地回应他："因为我就是要你做。"虽然这个回答事实上并未说明原因，但这个年龄段的孩子能够接受这样的指令。

一位妈妈驾车带儿子去超市，儿子随手往车窗外扔垃圾，还把头伸出去冲路人大喊大叫。面对这种情况，妈妈耐着性子、语气坚定地告诉儿子："你不可以这样，再这样我就不带你去超市了。"整个过程她没有一句大声的斥责，也没有粗暴的动作，甚至都没有给孩子解释不能这样做的原因，但这种温和坚定的提醒对儿子非常管用，儿子逐渐安静下来。

当然，如果家长觉得孩子有必要知道原因，那么就跟他讲清楚。这样可以帮助孩子逐步建立起因果逻辑思维能力。比如，家长让孩子帮忙做简单的家务，孩子却埋怨"你总是叫我做这做那"。针对这种情况，家长可以这么回答："哦，这些是你分内的工作，你不记得前几天我们一起制订的家务计划吗？"

再比如，家长不想让孩子一边写作业一边看电视，与其直接要求他"写作业的时候不准看电视，赶紧把电视关了"，不如告诉孩子"你看，你一边看电视，一边写作业，字写得歪歪扭扭，比你专心写作业时写的字差远了"。

3. 通过言传身教引导孩子

与 7~9 岁孩子相处的过程，其实也是父母对孩子言传身教的好机会。很多时候，家长与其单方面地要求孩子不能这样、不能那样，不如自己先做到，给孩子做一个好的示范。比如，你不让孩子睡前吃零食，那你也不能睡前吃零食。再比如，给孩子制定规则的同时，也应该约束你自己，说到做到，千万不要让孩子觉得这些规则只针对他。否则，孩子会觉得不公平，这样孩子是不会信服你的。

4. 有时候需要灵活处理

与孩子相处、教育孩子的策略不是一成不变的，有时候需要灵活处理。比如，你担心孩子冷，总是提醒孩子："记得穿上毛衣，戴上手套。"而孩子好像不太愿意，还反问你："为什么一定要穿毛衣，戴手套？我不冷啊！"这个时候你应该思考孩子真的需要穿毛衣、戴手套吗？所以你不妨偶尔说一句："好吧，如果不觉得冷，那就不穿吧。"这样适当的妥协，让孩子觉得受到了尊重，也能让孩子通过亲身体验明白自己到底需不需要穿毛衣、戴手套。如果他感到冷了，他不需要你提醒，肯定就会自觉地穿毛衣、戴手套。这可比生硬地要求孩子有效得多。

为何恐吓、威胁、打骂不管用

"你再这样，就滚出去。"

"你再这样，我就动手了。"

"你再不听话，周末就别想去游乐园。"

"我下班回来之前如果你没写完作业，有你好看的！"

孩子在7岁之前，容易被你的这些特殊"管教技巧"所"降伏"。但是孩子到了7岁以后，很可能根本不吃这一套。当你使出这些"撒手锏"时，孩子可能理都不理一下，甚至还会反过来"以子之矛，攻子之盾"，气得你哑口无言。

比如，孩子6岁的时候不听话，你语气严肃地对他说："在我数到'3'之前，你最好乖乖地去收拾房间。"这句话常常能够立竿见影。可是孩子7岁之后，如果你再用这套说辞，他可能也会学着你这套说辞："在我数到'3'之前，最好给我10块零花钱。"当然，敢于公然跟家长叫板、跟家长谈条件的孩子也许不多，但采取沉默顽抗、不予配合的情况还是比较常见的。

威胁、恐吓、打骂这类教育手段虽然能收到一时的成效，但是孩子并没有心服口服，只是碍于家长的威严，才不得不屈服罢了，但他们迟早会有反弹的一天。不仅如此，这类教育手段还很容易产生负面效果，会让孩子产生自卑感和恐惧心理，甚至会使孩子产生被遗弃感，从而可能造成孩子性格抑郁。有些孩子性格倔强，被父母恐吓、威胁、打骂后很容易产生更强烈的叛逆心理。父母越是粗暴对待他，他越是用倔强的方式来与父母对抗。可悲的是，有些家长认为孩子这是不听话，于是就要把孩子骂服、打服，殊不知这样下去孩子可能在冲动之下做出傻事，比如离家出走、轻生等。

那么，面对 7~9 岁的孩子，恐吓、威胁、打骂无效时，家长该怎么引导孩子呢？

1.点到为止，用温和的语气提醒孩子

当 7~9 岁的孩子言行举止不礼貌、有问题时，家长最好用温和的语气去提醒，提醒的好处就是不否定孩子不懂礼貌、不抨击孩子缺乏教养，而是点到为止。言外之意是："孩子，其实这个道理你都懂，只是你偶尔忘记了，我需要提醒你一下！"

比如，带孩子去亲友家串门，孩子乱翻别人的东西，这时你可以温和地对孩子说："乱翻别人东西的行为是不礼貌的，除非你先征得别人的同意。"孩子粗心大意，做作业时出错了，你可以对他说："妈妈知道你只是想早点儿完成作业，所以着急赶时间。如果你再细心点儿，这道题你肯定能解答出来。"老师反映孩子在课堂上大喊大叫，严重扰乱课堂纪律，你下班回来后对孩子说："在课堂上大喊大叫的做法是不妥的，老师希望你尊重课堂、遵守纪律，有问题可以下课再沟通。"

用温和的语气提醒孩子等于告诉孩子："孩子，爸爸妈妈对你没有敌意，也没有否定你，我们只是对你的不当言行进行善意的提醒。"这样就事论事的引导会让孩子比较容易接受。

2.用平等的姿态与孩子对话

当孩子不听话时，很多家长喜欢摆出一副长辈姿态，以居高临下的态势，用命令的口气对孩子说："不许顶嘴！""赶紧点儿，再不去我就……""做不做？不做你试试看！"家长以为这样强硬的态度能够震慑住孩子，殊不知，这种做法很容易激化亲子矛盾。退一步讲，即便孩子乖乖就范，也会闹得家庭气氛很不愉快。

所以，倒不如用平等的姿态与孩子对话："我理解你的感受，但妈妈希望你换一种态度对待家务。""我不喜欢你这样胡搅蛮缠，我希望你可以说出你想这么做的依据，用道理说服我。"以平等的姿态与孩子对话，其实是家长放低了姿态，让自己和孩子处在平等的地位上，这是对孩子的尊重，也容易赢得孩子的配合。

用鼓励式的语言沟通，而不是批评、指责、命令

孩子打针时害怕得大哭，妈妈却冷冷地来一句："有什么好哭的，都这么大了还哭，你不嫌丢人呀？别哭了！"

孩子高兴地对爸爸说："我今天单元测验考了90分，以前没考过这么高的分！"爸爸却板着脸说："考90分你还好意思说，单元测验应该考100分，考90分说明你没学好。"孩子顿时万分扫兴。

孩子放学回家，刚打开电视准备看一集动画片再写作业，妈妈马上命令道："还在瞎玩什么？赶紧给我写作业去。"孩子秒变哭丧脸，不情愿地坐在书桌旁，哪有心情写作业，只是坐在那里发呆。

如果一个孩子长期生活在批评、指责、命令的家庭环境中，他会形成怎样的性格呢？长大后会变成什么样子呢？首先，他可能会极不自信，做什么事情都会担心被家长否定；其次他会变得爱挑剔，因为被家长指责多了，管控惯了，他也容忍不了别人的不足和错误；再者，他还有可能是个胆小鬼，因为经常遭到批评，他就会变得不敢尝试和挑战新事物，即使去尝试，也会变得非常紧张。

正如享有国际盛名的心理医师和畅销书作家苏珊·福沃德博士曾经说的那样："没有一个孩子愿意承认自己比别人差，他们希望得到成人的肯定和鼓励。

他们对自己的认识往往来源于成人的评价，所以请多给孩子一些自由和鼓励，不然你将收获一个自卑、挑剔又胆小的孩子。"

追求成就感是我们实现自身价值需求的一种重要途径，孩子也不例外，追求成就感是他们与生俱来的天性。在成长的过程中，孩子会有好奇心，会探索、模仿，这些行为本质上是为了满足自己对成就感的强烈渴求。一个成就感强烈的孩子，能够充分感知自己的力量和价值，他始终有一种自信、勇敢的信念，这种信念是支撑他健康成长的力量。如果你想让孩子获得成就感，最好的办法就是用鼓励式的语言代替批评、指责、命令等消极沟通方式，给孩子认可和希望。

那么，鼓励式语言沟通方式有哪些呢？

1.描述式鼓励：描述孩子的具体行为

经常有家长对孩子说："你真棒！""加油！你能行。"这种鼓励的话听起来其实特别苍白无力，并且带有敷衍的意味，如果用描述式鼓励，效果就大不一样，例如：

（1）我注意到闹钟响的第二声，你就立即起床穿衣服，这种自律是非常可贵的品质；

（2）我注意到你在3分钟之内就把衣服穿得整整齐齐，效率还是很高的；

（3）我注意到你刷牙的时候上下左右刷，刷得很认真；

（4）我看到你吃早餐的时候，懂得给奶奶一块面包，这份孝心让我很欣慰；

（5）我看到你吃完饭后，还帮妈妈一起收拾碗筷、擦桌子，这份责任心很难得；

（6）看到你放学走出校门的时候，还跟同学打招呼，这很有礼貌；

（7）我看到你一放学回来就写作业，非常自觉；

（8）我看到你在约定的时间到了时，马上关掉电视，非常守约；

（9）我看到你写作业的时候，一边写一边读，非常专注；

……

以上都是描述式鼓励，它运用起来非常简单，就是用一个客观事实描述孩子的行为，并不带有主观评价的色彩。在这种语境下，家长不是居高临下地评判孩子，而是和孩子站在平等的位置上，孩子更容易受到鼓舞。

2.感谢式鼓励：懂得对孩子说"谢谢"

你对孩子说过"谢谢"吗？是那种很官方、很公式化的"谢谢"，还是带有真情实感的"谢谢"？有些家长可能觉得奇怪："为什么要谢谢孩子？"其实理由很简单，家长要学会对孩子表达尊重和礼貌，这也是给孩子示范如何尊重他人、礼貌对待他人。一句简单的"谢谢你"在拉近亲子之间情感的同时，也能向孩子传递感恩的心，让孩子懂得社交的礼仪。例如：

（1）谢谢你这么信任我，把心里话分享给我听，让我更好地了解你；

（2）谢谢你在房间安静地看书，没有大吵大闹打扰爸爸妈妈交谈；

（3）谢谢你遵守我们之间的约定，早上闹钟一响就准时起床；

（4）谢谢你采纳妈妈的建议，昨天睡前就把书包整理好，避免了今早匆忙找东西；

（5）谢谢你帮客人洗水果，给客人拿纸巾，客人都夸你懂礼貌；

（6）谢谢你吃早餐的时候，跟家人分享面包和牛奶；

（7）谢谢你吃完饭后帮妈妈收拾碗筷、抹桌子；

（8）谢谢你在我们出门的时候提醒我带钥匙，不然的话我们就会被锁在门外了；

……

3.赋能式鼓励：相信孩子有能力做到

每个孩子身上都有巨大的潜能，亟待家长去激发。当家长大声告诉孩子"我相信你有能力做到"时，孩子往往不会让家长失望。因为信任能够赋予孩子自信和能量，让孩子有勇气面对未知的世界，有勇气去尝试自己未尝试过的新事物。赋能式鼓励是怎样的呢？我们不妨看看以下例子：

（1）我相信你能在30分钟内完成今天的家庭作业；

（2）我相信你会遵守约定，看完两集动画片后，自觉地去写作业；

（3）我相信你能合理安排假期时间，不耽误完成暑假作业；

（4）我相信你能在弟弟妹妹吵架的时候站出来劝架，主持公道；

（5）我相信你肯定知道上课时认真听讲才能掌握老师教的知识；

（6）我相信你会主动和爸爸妈妈一起来打扫卫生，因为你很有家庭责任感；

（7）我相信只要你坚持去练习，跳绳一定能有进步；

（8）我相信你在吃完饭后，知道把碗筷收拾干净，放到洗碗池里；

……

4.启发式鼓励：问孩子是怎么做到的

每个人都渴望被崇拜，孩子也不例外。当孩子有好的表现时，家长可以问孩子："你是怎么做到的？"这样可以让孩子获得一种被崇拜的感觉，充分激发孩子的成就感。例如：

（1）今天家庭作业那么多，你仅用1个小时就完成了，而且没有一个错误，你是怎么做到的？

（2）你用10分钟记住了15个单词，你有背诵单词的秘诀吗？

（3）今天你练琴的整体状态都非常轻松，你是怎么做到的？

（4）最近单元测验你都考了100分，太了不起了，你是怎么做到熟练掌握那么多知识点的？

（5）今天你从起床到出门，只用了20分钟，你为什么如此神速？

（6）你的房间总是整整齐齐，你有什么整理的秘诀吗？

（7）今天家里有客人，我以为你做作业会很慢，可是你没有受到影响，你是怎么做到不受干扰的？

……

给孩子立规矩，让孩子有边界感

常言道："三岁看大，七岁看老。"7~9 岁是孩子行为习惯塑造的关键期，抓住这个关键期，帮孩子养成良好的习惯，对孩子一生都会产生积极的影响。在众多良好的行为习惯中，守规矩、有边界感无疑是不可或缺的。正所谓"没有规矩，不成方圆。"一个没有规矩的孩子，在家任性，在外无礼，做事拖延，行为散漫，将来是很难在社会上立足的。因此，家长必须重视给 7~9 岁的孩子立规矩，让孩子有边界感，明白什么事情可以做，什么事情不可以做，明白自己应该成为什么样的人。

在一档电视节目中，当聊到育儿的话题时，国内一位知名女演员表示，她对孩子在"规矩"上的要求特别高。她说因为自己特别怕孩子没有规矩，就在家教上面对孩子非常严格。她要求孩子仪态要好，站有站相，坐有坐相；还要求孩子说话要有分寸，不要和长辈顶嘴，等等。

虽然如今的教育提倡尊重孩子，提倡给孩子自由，但自由与规矩并不冲突，有规矩的自由，才是真正的自由。因此，在给孩子自由的同时，必须让孩子认清一条清晰可见的边界，这就是规矩。一个从小懂规矩的孩子，长大后才有可能成为一个有教养、有素质的人。

可是提到给孩子立规矩的事情，很多家长也有苦衷："给孩子立过很多规矩，也没少打孩子、骂孩子，可孩子就是不守规矩，我能拿他怎么办呢？"其实，立规矩不等于打骂，立规矩是有技巧、有方法的。

1.别把规矩等同于规定、要求

为什么很多家长说，给孩子立了很多规矩，但孩子却不遵守？要搞清楚这个问题，就必须先搞清楚什么是规矩，很多家长把规矩等同于规定、要求，说是给孩子立规矩，实则是在用各种规定、要求管束孩子，比如不能躺在沙发上看电视，不能吃饭和睡觉前吃零食，不能连续看电视超过1个小时，吃饭不能发出声音，写作业的时候不能转笔，等等。试问，孩子总是被这些具体的规定、要求限制着时，他能不逆反吗？这些要求只能当作良好的习惯来培养孩子，而不能作为规矩来约束孩子。真正的规矩要能彰显一个人的教养，体现一个人的素质，表现一个人的礼貌，绝非以家长个人的意志为准则，要求孩子面面俱到。这不叫规矩，这叫专制。

2.明确孩子需要遵守哪些规矩

在孩子成长的过程中，如果孩子懂得遵守以下规矩，那么孩子的教养、素质、礼貌等都会得到充分的彰显，将来他走到哪里都会受人欢迎。

（1）没有经过允许，不能拿别人的东西，这是教养；

（2）遇到长辈或老师要打招呼，这是礼貌；

（3）别人在说话的时候不能打断别人，这是尊重；

（4）遵守先来后到的规则，该排队时排队，这是秩序；

（5）公共场合不大声喧哗，不影响他人，这是公德；

（6）勇于为自己的过失和错误的行为道歉，这是担当；

（7）用过的东西要放回原位，这是习惯；

（8）答应别人的事情要尽量兑现，不能兑现要道歉，这是信用；

（9）不能浪费食物，这是节俭。

家长在教育孩子遵守以上规矩时，有必要告诉孩子相应的理由及不遵守会造成怎样的后果，让孩子明确利害关系，懂得遵守规矩对自己和他人有利，这样孩子才更愿意去守规矩。

3.家长也要以身作则守规矩

虽然我们说的是给孩子立规矩，但实际上，规矩并不只是给孩子遵守的，家长也应该守规矩。因为家长是孩子的一面镜子，孩子是父母的影子。想要孩子遵守规矩，家长首先要做到守规矩，通过以身作则来影响孩子才是对孩子最好的教育。

比如，带孩子出门时遇到长辈，家长主动跟长辈打招呼，孩子看在眼里也会跟着做。相反，家长不主动跟长辈打招呼，却要求孩子"快跟爷爷打招呼"，孩子就会疑惑："为什么要我跟爷爷打招呼？为什么你不打招呼？"孩子甚至会觉得家长这样的要求是不公平的。再比如，家长要求孩子把用过的东西放回原处，自己却乱拿乱放，孩子就意识不到把东西放回原处的好处，因为孩子会这么想：如果这样做有好处，为什么爸爸妈妈不这样做呢？

所以，与其说是给孩子立规矩，不如说给家长和孩子一起立规矩，家长要带头遵守规矩，用实际行动给孩子做榜样，这样孩子更容易养成守规矩的习惯。

4.孩子不守规矩时，要加以惩戒

无规矩不成方圆，立规矩须有惩戒。当孩子不守规矩时，要加以惩戒，让孩子知道不守规矩的后果。否则，规矩就形同虚设。作为家长，与其等孩子长大后被社会惩罚，不如从现在开始给孩子树立规矩，并对他破坏规矩的行为进行惩罚。这样孩子才会把规矩牢记在心头，从而成为一个有教养、懂礼貌、讲秩序、守信用的人。至于怎么惩戒孩子，方法有很多，家长可以在跟孩子立规矩的时候约定好惩罚措施，然后严格按约定执行。

孩子的成长是螺旋式的，允许孩子试错

"你都这么大了，怎么还做这样的事情？"

"我跟你说过多少次了，你怎么不长记性呢？"

"你告诉我，这个错误你犯过多少次了？你好意思吗？"

……

生活中，孩子犯了错，家长往往觉得不可接受，尤其是孩子一错再错、屡教不改时，家长更是感到不可思议。然而，一个人从小到大，不可能不犯错，很多人都是在不断犯错中成长起来的。因此，懂得给孩子犯错的机会和试错的空间很重要。

杨女士到闺密家做客，正当她和朋友聊得开心时，房间里突然传来一声玻璃瓶摔碎的声音。杨女士和闺密急忙跑过去，原来是闺密女儿将画画的颜料瓶碰到地上摔碎了，地板上一片狼藉。

女儿委屈地对妈妈说："妈妈，都是我不好，我太不小心了。"

杨女士以为闺密会很生气，没想到闺密摸了摸女儿的头，笑着说："没关系，以后注意就好啦。"

"嗯，我知道啦。我马上拿抹布把地板擦干净。"听到女儿这么说，闺密笑得很开心。接着，她们一起将地板打扫了一遍。

事后，杨女士对闺密说："孩子把地板上弄得全是颜料，你居然一点儿都不生气，真是佩服你。"闺密反问道："为什么要生气呢？小孩子嘛，毛手毛脚犯错是很正常的，谁不是在犯错中长大的呢？你看我们成年人，生活中也难免会犯错呢。"

这是一位有智慧的妈妈，她明白孩子犯错是正常的，要用平常心对待和接纳，她还承认成年人在生活中也难免会犯错。她不苛求孩子完美，也是对自己的宽容。

专注家庭研究的复旦大学副教授沈奕斐说过："孩子的成长是螺旋式的，要自己不断去试错，才会知道前进。"试错是解决问题、获得知识的重要途径，是孩子成长的必经之路，在试错中孩子不断尝试新事物，不断汲取经验教训，不断探寻真理，进而成长进步。

正如《小马过河》的故事中，小马准备过河时，牛伯伯告诉它水不深，小松鼠告诉它水很深。小马不知所措，举足不前，后来妈妈告诉它只有自己去尝试，才知道水到底深不深。最后，它下水试过之后才发现：河水既没有牛伯伯说的那么深，也不像小松鼠说的那么浅。可见，面对未知事物时，鼓励孩子去尝试、去试错，孩子才能战胜恐惧，消除困惑，获得真知灼见。

那么，在孩子犯错的时候，家长应该怎样做呢？

1.心平气和地接纳孩子的错误

孩子犯错时，父母的态度决定孩子以后的处事态度。鲁莽、暴躁的父母往往抓着孩子的错误不放，对孩子一顿训斥。久而久之，孩子就容易学会说谎、隐瞒、逃避责任。明智的家长懂得"金无足赤，人无完人"的道理，知道孩子犯错是再平常不过的事情，因此他们能够接纳孩子的错，不因孩子犯错而指责孩子，而是能够以平常心和孩子沟通，这样孩子今后在尝试和探索的时候就不会畏首畏

尾、害怕失败，就算犯错了、失败了，也不会战战兢兢，害怕被父母批评。

2.善于发现并肯定孩子的闪光点

当孩子出错时，表面看似是错了，或者是失败了，但实际上失败中或许也有可取之处。只要家长有一颗善于发现孩子的眼睛，懂得给孩子积极的评价，那么就能激励孩子从错误中振作起来。

美国著名教育家丽塔·皮尔逊在TED（科技、娱乐、设计的缩写）大会上做过一场热情洋溢的演讲，她说："我让孩子们做20道题，有个孩子错了18道，我在他的试卷上写了一个'+2'，并画了一个大大的笑脸。那个孩子非常疑惑，过来问我，为什么明明不及格我还给他画一个笑脸？我说因为你没有全错，你还对了两道题。"

心理学家赛奇斯说过："当孩子犯错时，你应该带着孩子从过失的痛苦中走出来，不要盯着孩子的过失不放，应该去赞赏孩子敢于尝试的勇气。""-18"让人感到心灰意冷，"+2"却意味着情况并没有那么糟糕。这是多么明智的激励，多么温暖的教育。如果你能在孩子的错误中，找到值得肯定的地方，那将是对孩子最好的鼓舞，也是对孩子自信心最好的拯救。

3.引导孩子从错误中吸取教训

失败乃成功之母。让孩子试错是对孩子成长的一种投资，家长要抓住让孩子试错的机会，引导孩子从错误中汲取教训，总结经验，弥补不足，提升自我。

比如，当孩子犯错时，家长可以这样和孩子交流："发生什么事情了？""你有什么想法？""你觉得应该怎样处理这件事呢？"先不要急着替孩子找原因、找方法，而要先让孩子自己去分析问题、总结教训。如果孩子找不出原因，家长可以从事情的起因开始，一步步引导孩子梳理事件的整个过程，直至找到问题的根源，并引导孩子找到解决问题的方法。

父母不是要"赢了"孩子，而是要"赢得"孩子

我们知道，家长与孩子之间的关系是相亲相爱的亲子关系，但是在家庭教育中，从某种角度上来说，家长与孩子也是对立的双方，这是因为双方的立场和观点不一致，有时候双方意见不一致或者起冲突时，家长需要说服或者征服孩子。在孩子四五岁的时候，家长说服、征服孩子是一件很容易的事情，语言不管用，还可以选择利诱或诉诸"武力"，反正最后都能"赢了"孩子，哪怕孩子并不是真的被说服或被征服。

然而，到了7~9岁时，家长想说服孩子就没那么容易了，更别提征服孩子了。因为这一阶段的孩子对事物有了自己的看法，更加渴望自由和独立，不喜欢被说教、被束缚。如果家长还想通过以往那套方式去"赢了"孩子，很可能会碰一鼻子灰。设法"赢得"孩子的心，才是从内心征服孩子的上上之策。

有个9岁男孩，在学校被定义为不良少年，因为他有太多的不良行为，经常惹出各种让老师头痛的问题。学校认为男孩需要一些特殊教育，于是家长就把他带到儿童心理咨询机构。

接待男孩的咨询师是一位笑容甜美的女性，男孩见到咨询师后，原以为对方

会对他进行一番说教，没想到咨询师什么都没谈，而是跟他玩了几个有趣的小游戏。这让男孩感到非常高兴，因为以往同学们都不愿意跟他玩，父母也不愿意陪他玩游戏，于是他主动向咨询师倾诉了自己的心事。

男孩告诉咨询师，老师对他非常不好，他不想上学。咨询师问他有什么爱好，男孩说他喜欢骑自行车，想当一个自行车赛车手。咨询师说："那真是一个非常好的职业！如果你能成为专业赛车手，或许你还可以开一家专业自行车商店，商店的名称就用你的名字来命名。"男孩听到这话后两眼放光，觉得这话直击他的梦想。

咨询师接着说："不过呢，如果你想开一家自行车商店的话，就需要学一些数学知识，以保证你能做好资金统计；你还需要学习语文，因为你要跟顾客沟通，跟厂家谈判，等等。"

男孩告诉咨询师："我从没想过这些问题，原来我还需要学习这些。"咨询师哈哈一笑说："现在知道了也不晚，我相信你可以学好这些知识。"

后来，男孩成了一个刻苦学习的孩子，很少再闯祸。长大后，他成为一名IT精英，偶尔还会给那位咨询师打电话，感谢她为他的人生所做的指导。尽管当年那个想当赛车手、想开自行车商店的梦想早已随风消逝，但丝毫不影响他成为一个努力进取的有为青年。

当家长尝试跟7~9岁的孩子沟通，试图说服孩子乖乖听自己的话时，常常容易激起孩子的反驳和争辩。而家长看到年幼的孩子居然反驳自己、与自己争辩时，顿时会觉得自己的权威受到了挑衅，于是更会想办法说服孩子、打压孩子，以迫使孩子屈服于自己。结果呢？就算孩子不再反驳、争辩，真的按家长所说的去做，他们往往也只是"口服心不服"。

实际上，作为家长需要的不是"赢了"孩子，而应该是"赢得"孩子。这种赢得，靠的就是放低姿态、放平心态，耐心去倾听和了解，设法与孩子达成共识，形成精神共鸣，让孩子觉得父母真的懂自己，这不仅有利于孩子对父母的教育心悦诚服，还有利于建立和谐的亲子关系。

不论是家长凭借大人的能力，在陪孩子玩的时候赢了孩子，还是通过说教、批评、惩戒、控制等方式赢了孩子，都意味着孩子是个失败者，这显然不是家长的初衷。而赢得孩子是指父母维护孩子的尊严，以关心、尊重、理解孩子的方式让孩子心悦诚服，心甘情愿地配合。这意味着父母和孩子获得了双赢。

单纯地赢了孩子，会打击孩子的自尊心和自信心，甚至会破坏亲子关系；而赢得孩子可以保护孩子的自尊心，激发孩子的自信心，促进亲子关系和谐发展。

那么，想要赢得孩子家长该怎么做呢？

第1步：对孩子表示理解

在教育孩子、与孩子沟通的时候，家长有必要向孩子表达你对他的理解，比如对孩子说："老师当着那么多人的面批评你，你肯定感到很没面子，对不对？"向孩子核实一下你的理解是对的。

第2步：对孩子表示同情

对孩子表示同情，并不意味着你认同或宽恕孩子的不当行为，只是意味着你理解孩子当时的感受，理解孩子在那种情况下做出的行为。比如，孩子生气的时候摔东西，事后谈到这件事时，你对他说："我能理解你当时的心情，我小时候也有过类似的经历。"

第3步：告诉孩子你的感受

如果你前两个步骤表现出真诚和友善，那么这一步，当你跟孩子分享你的感受和看法时，孩子应该会认真地听你说了。

第4步：关注问题的解决

当你说完自己的感受时，可以问孩子："你有什么想法呢？"如果孩子没有想法，你可以提出一些建议，直到你们达成共识。当孩子觉得你理解他时，他就会受到鼓励，就更愿意听取你的建议，并努力找出解决问题的方法。

总之，"赢了"孩子，看似你胜利了，但实则结局是闹心的；"赢得"孩子则是皆大欢喜的，是一件让亲子之间倍感温暖的事情，所以，让我们一起"赢得"孩子吧！

另外，要考虑培养孩子的兴趣爱好，激发孩子的自信心，家长在与孩子玩竞技类游戏的时候，要适当地"认输"，有意识地让孩子获得赢的感觉，让孩子收获成就感，这样孩子才会开心地参与。不仅要让孩子赢，还要祝贺他赢了，这表示我们输得起，也让孩子从中懂得坦然接受失败的道理。